面向未来的工程教育与工程能力建设

MIANXIANG WEILAI DE GONGCHENG JIAOYU YU GONGCHENG NENGLI JIANSHE

ENGINEERING EDUCATION AND ENGINEERING CAPACITY BUILDING FOR THE FUTURE

UNESCO 国际工程教育中心　编

高等教育出版社·北京

内容提要

工程科技是改变未来世界的重要力量，工程教育的未来与世界的未来密不可分。工程教育改革必须及时应对挑战趋势、培养符合时代要求的工程科技人才。2017年5月22—23日，在中国工程院和清华大学联合主办、联合国教科文组织国际工程教育中心（ICEE）承办的“2017国际工程教育论坛”上，国内外专家围绕全球化背景下工程教育的实践与探索、工程教育面临的机遇与挑战、工程教育的新变革、工程教育可持续发展、全球工程能力建设等核心问题进行了热烈讨论，并针对未来工程教育的变革与发展各抒己见，共谋蓝图。本次论坛是联合国教科文组织国际工程教育中心成立以来举办的第二届国际工程教育论坛。

本书由中国工程院咨询研究项目“国际工程教育合作战略——未来工程师培养与发展若干问题研究”（2016-XY-52）和“国际工程能力建设研究”（2017-JY-006）支持。本书的主要阅读对象为教育主管部门及相关企事业单位管理人员、从事工程教育的科研人员、教师以及在校研究生和大学生。

图书在版编目(CIP)数据

面向未来的工程教育与工程能力建设：汉、英 / UNESCO国际工程教育中心编. -- 北京：高等教育出版社，2018.7

ISBN 978-7-04-049926-1

Ⅰ. ①面… Ⅱ. ①U… Ⅲ. ①工科(教育)-高等教育-研究-世界-汉、英 Ⅳ. ①D649.1

中国版本图书馆CIP数据核字(2018)第123568号

总 策 划　吴启迪

策划编辑　黄慧靖　张　冉　　责任编辑　张　冉

封面设计　顾　斌　　责任印制　韩　刚

出版发行　高等教育出版社
社　　址　北京市西城区德外大街4号
邮政编码　100120
印　　刷　北京汇林印务有限公司
开　　本　850mm×1168mm　1/16
印　　张　13
字　　数　250千字
购书热线　010-58581118
咨询电话　400-810-0598

网　　址　http://www.hep.edu.cn
　　　　　http://www.hep.com.cn
网上订购　http://www.hepmall.com.cn
　　　　　http://www.hepmall.com
　　　　　http://www.hepmall.cn

版　　次　2018年7月第1版
印　　次　2018年7月第1次印刷
定　　价　89.00元

物 料 号　49926-00

目　　录

第一部分　综　　述

第二部分　致辞嘉宾、主持人和报告人简介

第三部分　致　　辞

第四部分　主 题 报 告

第五部分　特 邀 报 告

CONTENTS

Part Ⅰ Overview of the Forum

Part Ⅱ Guest Speaker, Host and Reporter Introduction

Part Ⅲ Opening Speech

Part Ⅳ Keynote Speech

Part V Invited Speech

第一部分
综　　述

面向未来的工程教育与工程能力建设
——“2017 国际工程教育论坛”会议综述

张　满　乔伟峰　徐立辉[①]

摘要:2017 年 5 月 22—23 日,由中国工程院和清华大学联合主办、联合国教科文组织国际工程教育中心(ICEE)承办的 2017 国际工程教育论坛在清华大学举行。论坛围绕全球化背景下工程教育的实践与探索、工程教育面临的机遇与挑战、工程教育的新变革、工程教育的可持续发展,全球工程能力建设等问题进行了交流和讨论,来自全球与中国不同领域的专家提出了各自的见解,本文对于其中的主要观点进行了综述。

关键词:全球化;工程教育;工程能力建设;可持续发展;会议综述

工程人才教育培养质量是影响一个国家工程科技竞争力的重要因素。为了更好地培养面向未来发展的工程人才,提高我国工程教育水平,2017 年 5 月 22—23 日,由中国工程院和清华大学联合主办、联合国教科文组织国际工程教育中心(ICEE)承办的“2017 国际工程教育论坛”在清华大学举行。

来自联合国教科文组织(UNESCO)、世界工程组织联合会(WFEO)、国际工程教育学会联盟(IFEES)、欧洲工程教育学会(SEFI)、非洲工程教育学会(AEEA)、美国工程院、日本工程院、南非工程院、中国工程院、教育部、人力资源和社会保障部、中国高等教育学会、麻省理工学院、清华大学、南开大学、北京交通大学、中国铁道科学研究院、中国铁路总公司等国内外机构或组织的知名工程教育专家和代表、中央部委领导、企业代表、高校管理人员和高校研究生等约 160 人出席论坛。

论坛开幕式由教育部前副部长、国际工程教育中心主任吴启迪主持,中国工程院院长周济、清华大学副校长杨斌、UNESCO 驻华代表处主任欧敏行(Marielza

---

① 作者简介:张满,清华大学教育研究院博士后;乔伟峰,清华大学教育研究院助理研究员,国际工程教育中心研究人员,博士;徐立辉,国际工程教育中心研究人员,博士。

Oliveira）、世界工程组织联合会（WFEO）主席 Jorge Spitalnik 分别致辞。

中国工程院院长周济在致辞中指出，工程科技对于经济增长、社会发展的作用是决定性的。是否有足够的、合格的工程师，影响着一个国家的科技和经济发展水平。随着现代化建设和"一带一路"建设的逐步实施，中国工程教育如何面向产业、面向世界、面向未来是一个需要我们思考的问题。中国工程教育要坚持走中国特色新型工业化道路，培养能够适应和支撑产业发展的创新型工程人才及具有国际竞争力的工程技术人才。

清华大学副校长杨斌在致辞中指出，工程科技与世界发展密切相关，工程教育的未来与世界的未来密不可分。工程教育改革必须及时应对挑战趋势、培养符合时代要求的工程科技人才。为了实现可持续发展目标，工程伦理应该是工程教育的重要内容，要将学生社会责任感的培养放在重要位置。同时，工程教育要面向未来，面向创新和实践。杨斌表示愿意与世界各国分享中国的工程教育经验，共同推进工程教育的可持续发展。

UNESCO 驻华代表处主任欧敏行在致辞中指出，工程科技是社会、经济和人类发展的主要动力。中国在工程教育领域取得了显著的成绩。为了培养优秀的工程科技人才，政府和企业要持续对工程教育进行投入，加大教育培训力度。这次论坛的召开恰逢其时，我们要从不同视角来探讨工程教育的未来发展，为实现 UNESCO 可持续发展 2030 目标做出贡献。

WFEO 主席 Jorge Spitalnik 在致辞中认为，工程师在履行专业职责的同时，要充分考虑大的社会背景，同时还应具有批判式的思维。一位优秀的工程师必须要遵循一定的道德标准，要有充分的工程知识做"武装"，同时也必须获得专业能力的职业认证。这些活动都需要整个工程认证或者是国家相关部门的共同努力，以保证工程专家的资质和专业水平，保证他们在全世界开展工作时都能达到统一的标准和较高的质量，真正得到国际组织的认可。

论坛开幕式后，国内外专家围绕"工程教育的实践探索""全球化背景下工程教育面临的机遇挑战""工程教育的新变革""工程教育与可持续发展""全球工程能力建设"等核心问题进行了广泛而热烈的讨论，针对工程教育的变革与发展各抒己见，共谋蓝图。

国际工程教育中心主任吴启迪、中国工程院前副院长田红旗、清华大学前副校长余寿文、中国高等教育学会会长瞿振元、UNESCO 产学合作教席主持人查建中分别担任了论坛不同阶段主持人。

一、国际工程教育的实践经验与探索:经验与实践

麻省理工学院(MIT)Edward Crawley 教授介绍了 MIT 在新工程教育变革中采用新系统、新措施实施的创新项目"New Engineering Educational Transformation"(NEET)的经验。NEET 项目围绕以下原则开展。第一,要以一种前瞻性的眼光来看待所发明的技术、看待 21 世纪、看待未来。教育要能够让学生具备在新世纪发明新机器、研发新系统的知识和能力。第二,要帮助学生成长为创造者、发现者或者朝这个方向努力,并把工程基础作为从事研究和实践工作的基础。第三,要学习教育学原理,以便更好地支持学生进行学习。要采用最适合的学习方式让学生开展学习,倡导数字教育,因为信息化是未来教育的发展趋势。第四,在科技发展日新月异的时代,要教会学生如何思考,如何更好地自主学习。教师应该教授给学生的是思维方式,而不仅仅是要学的知识。有 11 种工科学生需要掌握的学习方式或者是思维方式,如实践思维、发现思维、个体思维、人际思维、系统性思维、创造性思维等。NEET 不是以主题或课程为中心开展教育教学,而是构建了以项目为中心的课程体系。这些项目是精心设计、一步一步环环相扣的,逐步实现对学生的引导。在 NEET 项目实施的过程中,可以有来自不同学科、不同部门、不同学院或学校的合作,在这个机制中甚至可能会建立新的部门、新的院系。

IFEES 秘书长 Hans J. Hoyer 介绍了 IFEES 和全球工学院院长理事会(GEDC)的概况、历史发展、使命和愿景,并列举了这两个国际组织为推进全球工程教育发展而开展的项目和活动,包括资源的提供、论坛的举办、MOOC 项目的实施、工程教育教学资格认证项目的开展、学生全球联盟的建立以及工程教育奖项的设立等。他指出,在经济全球化背景下,要促进政府、教育机构、行业企业的对话和合作,促进各方面的联系。此外,在工程教育变革发展中,要注重培养学生跨学科的学习能力,以及商业意识和社会意识等软技能,同时用工程认证来保障教育的质量。

清华大学副校长杨斌回顾了探索中国工程专业学位教育 20 年的发展历程、现状和推进发展的实践探索。他指出,工程硕士设有的 40 个工程领域及其各院校工程领域工程硕士专业学位授权点已覆盖了我国主要的产业,呈全工业产业链布局。工程硕士招录人数累计已达 140 多万人,授予学位数量累计超过 80 万人。工程专业学位研究生教育已成为我国培养和输送高层次、应用型、复合式工程科技人才的重要途径。全国工程专业学位研究生教育指导委员会(以下简称"工程教指委")在指导和推动中国工程专业学位发展上开展了大量卓有成效的工作,包括标准制定、课程建设、实践教育、伦理教育、质量评估、教育认证、评优表彰、交

流研讨、课题研究等方面，其中他特别介绍了工程教指委在培养学生社会责任和工程伦理方面所做的工作。对于未来工程专业学位教育的发展，他强调要注意三个方面。第一，工程教育要插上创业的翅膀。要培养学生的创新意识和创业能力，这对专业学位研究生来说非常重要。第二，工程教育要适应工程建设全球化的趋势。“一带一路”倡议意味着未来的工程项目建设中需要有国际视野和处理国际事务能力的人才。中国要在工程教育国际标准的制定中拥有话语权。第三，工程教育要强调可持续发展。

近十余年，中国高速铁路发展成就举世瞩目，背后离不开大量高素质高铁人才的支撑保障。中国铁道科学研究院（以下简称“铁科院”）铁道技术研修学院院长朱克非介绍了中国高铁工程人才培养的实践经验，具体包括：以中国铁道科学研究院和铁路相关设计院为主，通过工程设计与技术创新人员学历教育、技师及高级技师短期研修等方式，协同企业、高校开展工程领域高端人才的创新培养；在中国铁路总公司的指导下，以铁科院暨铁路高新技术继续教育基地为主，开展面向全路管理与专业技术人员的示范培训和专业提升继续教育，同时各个铁路局常态化开设面向铁路工种的专业技术业务基础培训班，以加强各路局的专业技术人员的知识更新、继续教育；铁科院与国家铁路局合作开展动车组标准化模拟驾驶考试研究，开展驾驶培训及高铁主要行车工种的岗位准入类培训。

AEEA 主席 Funso Falade 做了题为“面向未来的非洲工程教育进展”的报告，对非洲工程教育的发展现状进行了详细介绍。他在报告中指出，目前非洲的工程教育面临着许多挑战，包括资金投入不足、师资短缺、教学方法落后、教学硬件设施不足、课程陈旧、产学合作关系薄弱等。未来非洲的工程实践中将把资金重点用于创新创业以及提高所有工程学科的标准等环节，可能更加关注能源、交通、水安全、食品安全、住房、健康、可持续性发展、全球化等方面。同时，他非常感谢中国为非洲工程教育的发展所给予的持续帮助，他认为这大大加强了中非的关系。

二、国际工程教育的未来挑战与改革：思考与建议

美国工程院（NAE）院长 C. D. Mote 介绍了美国为应对 21 世纪的工程挑战而开展的“大挑战学者计划”（Grand Challenges Scholars Program，GCSP）。2008 年，NAE 提出了工程在 21 世纪需要为地球上所有人提供服务的一个愿景——“延续地球上的生命，让我们的世界更加可持续、安全、健康和快乐”。同时，也列述了人类社会在 21 世纪面临的 14 项工程大挑战，包括充分利用太阳能、开发核聚变能源、开发碳封存技术、管理氮循环、提供清洁水源、修复与改善城市基础建设、推进医疗卫生信息化、研制更好的药物、推进大脑逆向思维工程等。为了应对这 14 项

工程大挑战，美国部分工科院校实施开展了工程卓越人才培养新战略——“大挑战学者计划”，该计划搭建了从国家计划到全球计划的桥梁，旨在培养未来的工程师具有服务人民和社会的跨文化、跨学科的创新能力。特别指出该计划关注培养学生以下五方面的能力：研究/创新的能力、多元文化理解的能力、跨学科的能力、商业/创业意识、社会意识。目前，美国境内已经有40多所大学开展了“大挑战学者计划”，世界上其他一些国家的高校也已确立或正在规划“大挑战学者计划”，全球范围内参与该计划的大学数量正在不断增加。此外，该计划也已推行到美国各地的“K-12”学校课程中。

教育部高教司司长吴岩从中国工程教育的现状、面临的形势与挑战和未来发展的新思路三个方面介绍了中国工程教育的改革发展。他指出中国已经形成了世界上最大的工程教育供给体系，层次分明、类型多样、专业齐全、区域匹配，并在工程教育改革发展方面积累了丰富的经验。面对国内外的新形势新要求，中国工程教育面临着五大挑战：一是前瞻性、战略性的谋篇布局不够；二是供给侧结构性过剩与短缺并存；三是专业动态调整机制亟待完善；四是质量建设“最后一公里”还未真正落地；五是质量评估检查保障力度不够，质量文化建设刚刚起步，大学还远未形成自我监测、自我改进、自我提升的良性质量文化。吴岩指出，在未来工程教育发展上，应体现“三个一流”（一流本科、一流专业和一流人才）的概念，要树立新理念，以学生为中心、以结果为导向，建立质量持续改进机制；实施新举措，实施“卓越工程师教育培养计划2.0版”和“新工科研究与实践”，实施产学合作协同育人项目，办好中国“互联网+”大学生创新创业大赛；制定新标准，体现五个度——培养目标的达成度、社会需求的适应度、教师及教学资源的保障度、教学及质量保障体系运行的有效度、学生和用人单位满意度；构建新机制，包括结构调整、协同育人和交叉培养等方面的新机制；采用新技术，促进现代信息技术与教育教学的深度融合，实现“变轨超车”；提供新保障，建立中国特色、世界水平的高等教育质量保障体系。

WFEO副主席Yashin Brijmohan进行了“全球工程能力建设”的主旨发言，认为未来工程师应具备的素质能力包括数学、科学和语言三大学科基础，还包括对人类的热爱、对自然环境的热爱、对人性的追求等。学校在进行人才培养时，也要关注课堂教学活动的前、后两个关键因素，才能大大提高学习的有效性，改进整体学习效果。由于专业人才过剩和短缺现象并存，所以在政策或者是策略层面，我们需要进行更好的规划，要明确哪些人才短缺、哪些人才过剩，才能培养出满足市场需求的工程师。在进行工程能力建设时，要注重与发展中国家的合作，特别是非洲，因为那里有很多的发展机会。Yashin最后强调，要平衡道德和技术发展的关系，在技术发展中要融合人的价值观，特别要注重道德问题。

IFEES 前主席 Lueny Morell 的报告主题为“第四次工业革命：工程教育准备好了吗？”，她指出，第四次工业革命改变了人类本身，改变了人类的做事方式，扩延了人类的认知极限，使政府、商业和教育活动发生了很多变化。第四次工业革命带来的首先是人力资源缺乏的挑战。毫无疑问，我们需要复合型、跨学科、创新型的工程科技人才来推动第四次工业革命。为了应对第四次工业革命，需要一个灵活的课程设置，把工程师走上工作岗位之后需要的素质和能力分解到课程设计之中，可以按照以下五个步骤对工科课程进行改革：定义成果产出、设计学习过程、进行成果的分析和评估、进行成果分享、做出改进的决定。Lueny 教授认为第四次工业革命需要工程师具有的胜任力包括：在知识需求方面，如智能机器人、自动化交通、人工智能等；在所需的技能和态度方面，要求学生具有复杂问题的推理能力、批判性思维能力、创造力、以人为中心的管理能力、组织协调力等。团队合作、伦理道德和社会责任永远都重要，学生要把这些要求铭记终身。此外，需要让所有的利益相关方都加入进来，从公共部门、私营部门到学术界和民间社会都参与进来。行业尤其重要，因为最终是由行业来检验人才培养的结果。

UNESCO 产学合作教席主持人查建中做了题为“面向未来职场的工程教育语境”的报告，基于翔实数据分析了人力资源市场供给侧结构性改革所面临的产业工程人才需求数据严重缺失、人力资源市场低质产能过剩和高质产能不足、教育资源分配和评价体系在学术导向与职场导向失衡、专业教育机构脱离社会和产业等问题。他认为，要大力发展面向职场的专业教育，并提出了面向职场教育的五层金字塔模型：最上面一层是 UNESCO 提出的四个支柱的普适性的教育目标；第二层是 5E 目标（创新、创业、培育、适应、责任）驱动的工程教育模式；第三层是改革的战略，包括国际化、产学合作和“做中学”；第四层显示了每一种战略在国内外行之有效的模式，比如国际化的华盛顿协议、悉尼协议、都柏林协议，以及 CDIO 工程教育的 12 项标准和产学合作教育的模式等；最下面一层是学习过程，包括以学生为中心、基于项目的主动学习、利用信息技术等。查教授建议成立跨部委的“国家制造人力资源建设发展委员会”，举国实施专业人才的培养，还要建立国家制造人才资格框架，并在产学合作、做中学和国际化的战略下，面向职场需求建立各层次制造专业人才培养机构，分层管理指导，以职场为驱动、以应用为导向。

三、国际工程教育的核心内容与培养：能力建设与可持续性

UNSECO 自然科学部门项目专家 Rovani Sigmoney 介绍了 UNESCO 为推进全球工程能力建设所做的努力，联合国千年发展目标（MDGs）及所取得的成绩，可

持续发展目标(SDGs)制定的缘由及具体目标,并详细分析了工程对实现几乎所有的可持续发展目标的重要作用。工程创新技术与终结贫困、农业、医疗、安全卫生体系等目标的实现都是密切相关的。Rovani 指出,未来工程师的教育和培训对于创新性地解决全球面临的问题和挑战、提高人类的生活质量是非常必要的。

南开大学校长、WFEO 副主席龚克从可持续发展的角度分析了对工程师培养的多方面要求。他认为:可持续发展对工程师的道德和行为提出了更高的要求,工程师不应只关注技术,还应该关注人,关注生态环境,要体现可持续发展的要求;可持续发展对工程师的可持续发展意识提出了更高的要求,工程师不仅要对技术性能和规范负责,还要对人类社会的可持续发展负责;可持续发展对工程师关注和理解社会问题提出了更高的要求;可持续发展对工程师的学习能力和合作能力提出了更高的要求;可持续发展对工程师使用信息通信技术的能力提出了更高的要求,要充分利用互联网和大数据、人工智能等技术;可持续发展对工程师的创新能力也提出了更高的要求,工程师应不断进行创新,要考虑环境、社会、经济等因素进行综合创新,用创新保护生态环境。龚克指出,为了促进工程师的可持续发展能力提升,首先要建立全球工程可持续发展能力框架,第二要构建一个可持续发展的评估框架,建立全球的协作网络,促进工程可持续性发展,尤其是要和非洲进行更多的合作。

日本工程院常务副院长、中国工程院外籍院士小泉英明(Hideaki Koizumi)报告的主题是“基于脑科学,培养创造力”,他认为工程能力建设中要注重从孩童开始培养他们的创造力和对科学的敏感性。他对“科学的大脑”的概念进行了界定,认为:科学的大脑是一个敏感的大脑,能够对大自然保持很好的好奇心;科学的大脑是一个开放的大脑,能够接受真相,不会试图歪曲事实;科学的大脑是一个诚实的大脑,不带有偏见;科学的大脑应该理解所有大自然的生命都是有价值的;科学的大脑能接受和尊重多样性,并且能为他人着想。Hideaki 教授最后对如何培养科学的大脑提出了有益的建议,强调老师们应该学习科学,从而指导学生在玩中进行学习;要从大自然当中学习,因为科学的基础就是大自然;教育要重视对孩子们情感的培养,才能更好利用知识和技能去造福社会。

UNESCO 前执行局委员、南非工程院院士 Brian Figaji 在题为“工程师培养中的政治议题:这是有效能力建设的必要条件吗?”的报告中以南非为案例详细分析了政治意愿对推进工程能力建设的重要作用。他认为,工程对于政府履行各方面的职能至关重要,作为一名政治家,要认识到工程在推动社会发展方面所发挥的决定性作用。工程师应该更直接地参与政治决策,这样才能够积极地影响和推进工程能力建设并促进可持续发展。有三种方式可以让工程师们能够在公共政策制定的过程中发出自己的声音：第一，当选为政界人士；第二，加入一些政治组织成为智囊；第三，工程师组织可推选出代表参与政策制定。

南非工程院前院长 Robert (Bob) Pullen 分析了工程职业中组织机构能力建设对可持续发展的重要性。他认为，对于工程能力建设和可持续发展来说，工程师是一方面，还有与之相关的各组织机构，包括大学和其他高等教育机构、协会等专业组织、立法和监管机构、各级政府、企业和私营部门、基础设施的所有者和公共服务的提供商等利益相关方，这些组织机构的能力建设对于实现可持续发展也同样非常重要。他指出，如果缺少了这些外部的支持，就不可能实现可持续性发展。

UNESCO 自然科学部门工程与基础科学前负责人 Tony Marjoram 做了题为“现代化的工程模型、度量和教育：面向能力建设与可持续发展”的报告，分析了构建新工程教育创新模型、工程科技指标体系的新背景和新要求。他指出，构建的新模型要包括大学、产业和政府的创新体系，同时也要融合创新发展的社会技术背景。我们需要更现实的知识观、应用观和创新观，要强调工程在创新发展中的作用，并认识到创新和工程问题解决的紧密关系。这个模型也将提高年轻人学习工科的兴趣，提升工科院校学生入学率，减少工程人才外流。Tony 教授最后再次强调要把工程作为国家、国际层面上解决以上问题的政策核心。要促进关于工程的研究，设计更好的指标，建立新的工程和创新模式，以促进工程技术的发展，促进以问题为基础的工程教育和学习，提升工科大学在社会经济发展中的地位和作用。

丹麦奥尔堡大学 UCPBL（基于问题的学习工程科技可持续发展）中心主任 Anette Kolmos 做了题为“面向可持续发展的全球工程能力建设”的报告。通过对奥尔堡大学可持续性与工科教育的整合情况的调查结果指出，很多院系的项目在融合可持续发展方面做得并不是很好。同时对比了墨尔本皇家理工大学和奥尔堡大学把可持续发展融入工程教育的两种不同的途径及方法。Anette 教授认为每个学校都要审视自己的课程设置、项目实践、政策制定等是否有利于可持续发展目标实现，并强调应当非常正式地把可持续性融入课程和教育当中。在融合可持续发展方面有三种改变的策略：第一是课程策略，设置可持续发展的相关课程；第二是整合战略，也是 CDIO 的系统方法；第三是重建策略，这是整合的重建工作。要把可持续性和 PBL 整合起来，把这些概念融合到涵盖多主题、多学科的整体项目中。

在参会代表热烈讨论的基础上，UNESCO 国际工程教育中心主任吴启迪教授最后对本次会议进行了总结。她指出，通过大会的发言，我们进一步认识到工程科技对于经济增长、社会发展的作用是决定性的,是否有足够的合格工程师影响着一个国家的科技和经济发展水平。随着联合国可持续发展目标的逐步实施、第四次工业革命的快速推进和全球化的进一步发展,工程教育如何面向工业、面向世界、面向未来是一个需要大家思考的问题。国际工程教育中心今后主要开展以下四方面的工作:第一,开展相关数据的收集,帮助工程教育研究者开展深度研究;第二,与 UNESCO 共同开展工程能力建设的研究,并撰写能力建设报告;第三,与非洲国家共同举办远程工程教育;第四,加强各种类型的培训。

参会代表们认为本次论坛办得非常成功,对工程教育实践经验、未来挑战与发展、工程能力建设等议题的讨论深入,希望国际工程教育中心继续发挥工程教育研究、交流合作、人才培养的国际平台作用。

探路未来国际工程教育:对接全球发展革新传统课堂

——2017国际工程教育论坛专家访谈综述*

丁若曦　乔伟峰①

摘要:本文是2017年5月22—23日"面向未来的工程教育与工程能力建设"论坛举办期间对中外专家访谈的评述,就工程教育的未来走向、新技术变革与工程教育模式创新、工程实践能力培养等问题进行了探讨。

关键词:工程教育;未来发展

信息技术、智能化生产、人机交互等科技创新与融合应用,已成为新工业时代来临的重要象征;它们将从各个角度渗入人类生活圈,再一次改变我们的生活方式与社会面貌。与此同时,工业化与全球化进程中诞生的种种危机,诸如资源衰竭、环境恶化、贫富分化等,依然牵绊着人类的进步与发展。未来的工程教育,一方面需要顺应翻涌而来的浪潮,另一方面也要应对隐含的暗流与风险。为了探讨未来工程教育的发展趋势,推动国家及国际工程能力建设,由中国工程院、清华大学、联合国教科文组织国际工程教育中心主办的"面向未来的工程教育与工程能力建设"国际论坛于2017年5月22日至23日在清华大学召开。会上,我们对若干位出席会议的国内外工程教育专家进行了访谈②,共同就工程教育的未来走向、新技术变革与工程教育模式创新、工程实践能力培养等问题展开研讨。

---

* 本文已发表在《高等工程教育研究》2017年第6期。

① 作者简介:丁若曦,清华大学教育研究院博士研究生;乔伟峰,清华大学教育研究院助理研究员,国际工程教育中心研究人员,博士。

② 本次访谈是清华大学多位同学在论坛期间集体努力的成果,这些同学包括王林珏、齐譞、陈佑洁、周雪涵、刘威童、何海程,我们对被访专家和以上同学深表谢意,同时感谢王孙禺、李曼丽、刘惠琴等老师的指导和建议。本文得到中国工程院咨询项目"国际工程教育合作战略——未来工程师培养与发展若干问题研究"(2016-XY-52)支持。

一、国际合作：未来工程教育发展的必然趋势

在过去的一年里，全球化进程遭遇了重大挫折。英国脱欧、贸易保护主义抬头、西方民族主义政党崛起，都昭示着反全球化的民粹主义、反精英主义的兴起。关于全球化的争议和质疑，也延伸到学术界的讨论中。但是，全球化派与反全球化派的博弈，绝不应影响我们认识国际合作对推动国际高等教育发展的重要作用。世界教育的未来，离不开各国学者的携手共进；国际合作仍然是未来高等教育（包括工程教育）的发展趋势，这一点毋庸置疑。

改变国际、区际工程教育资源严重不均衡的现状，是促进工程教育国际合作的重要原因之一。工程教育资源分布越不均衡，就越是难以培养出充足、合格的工程师为当地发展服务；而越是缺少合格的工程师，通过工程科技来推动发展中国家特别是非洲国家可持续发展的目标实现就愈加困难。因此，对于发展中国家以及欠发达国家而言，工程教育被赋予培养驱动国家技术进步的发起者、实行者和创新者的重任。工程教育所培养的优秀工程师，将带领这些国家紧跟全球发展节奏。非洲工程教育学会主席 Funso Falade 在接受访谈时提到，非洲工程教育发展正面临一系列挑战，包括教学方法陈旧、教育设施质量不高和数量不足、人力资源匮乏、在岗培训鲜少、课程短板和大学力量薄弱；其中最关键的，就是用于工程教育基础设施和课程建设的资金缺乏。非洲大学普遍希望能够得到世界一流大学及国际组织的援助，无论是资源的倾斜、还是经验的分享，都能帮助非洲工程教育建立起基础。建立互信和包容的新型国际沟通机制，是促进工程教育国际合作的另一原因。工程教育的国际合作，不仅能够促进弱势国家教育发展、为经济社会发展提供人力资源，更被寄望成为一个在现存的政治、外交、经济、商贸之外能有效运行的国际交流机制。现有的全球合作问题，比起距离与语言，“信任”才是更难以消除的阻力。国际工程教育学会联盟（IFEES）秘书长，全球工学院长理事会（GEDC）执行秘书长 Hans J. Hoyer 在访谈中说：工程教育领域的国际沟通，需要耐心、自信，也需要兼具智慧和情商的交流“大使”。达成国际合作共赢的互信和共识，是一个长时间的过程。Hoyer 认为许多人会对国际合作的预期成效不屑一顾；破除这样的偏见，需要培养一些既能理解本土文化也能接纳多元文化和理念的“大使”。这些“大使”可以是眼界开阔的大学学者，也可以是具有国际视野的工程师；以他们为纽带，串联起多国之间的合作，并且逐渐扩大国际参与的规模。经过一段时间的磨合，我们可以期待国家间可持续的合作与信任关系的确立。担当起国际合作“大使”重任的工程师，也应该是受到国际普遍认可的工程师人才。

那么,什么是受到国际认可的工程师?怎样培养适应国际工程技术发展需求的工程师?国际工程教育学会联盟(IFEES)前主席 Lueny Morell 认为,标准统一的工程教育认证体系非常重要。国际工程教育中心等国际组织与机构,可以作为国际认证的有效推动者;它们围绕这一认证体系,培训人员、制定标准和研究政策,促使各国的工程师培养机构超越传统的大学、传统的方式,共筑工程技术与人类社会的美好未来。中国教育部前副部长,国际工程教育中心主任吴启迪同样强调了认证体系的重要性。1989 年建立的《华盛顿协议》,是目前最具权威性的国际工程教育学历互认协议之一。2016 年 6 月,中国科协代表我国正式加入"华盛顿协议"。吴启迪将"一带一路"战略与工程教育的未来发展联系起来,她认为,加入"华盛顿协议"后的工程师培养,要紧扣时代发展,具备"全球视野、中国智慧、中国担当"。她相信受到国际认可的工程师培养体系,将更好地满足中国工程技术发展的需要;我国工程师的国际流动也将愈发活跃,为世界发展贡献中国力量。

在 Hans J. Hoyer 看来,国际交流中的工程师,不仅承担着推动工程技术发展的本职;他们会成长为搭建起跨文化交流桥梁的"大使"。国际认可的工程师,这一培养过程不仅仅是在自己的国家环境中,还要进行多文化的环境转换。这对工程师的语言能力、学习能力提出了更高的挑战;同时,也带来了和来自世界各地的工程师合作共赢的机遇。在未来,国家间的合作需要国家互信机制的助力,同时也依靠着这些成长于跨文化环境中、参与未来国家合作的工程师们个人之间的长期友情而维系。

诚然,工程师的国际流动将激活全球工程技术的发展,但它的弊端也不容忽视。联合国教科文组织基础与工程科学处工程事务前负责人 Tony Marjoram 提出,工程师的国际流动并非是天然的"守恒运动",工程师人才分布失衡将会造成工程技术发展水平和国家实力的进一步拉大,这将与国际工程教育共同发展的蓝图背道而驰。

二、革新课堂:未来工程教育面临的重要挑战

工业 3.0 时代向 4.0 时代过渡,新兴科技蓬勃进步,工程教育国际合作向纵深发展,未来工程师们正成长在这样疾速变化的世界中。而这种变化,需要反映在课程和教学中。未来工程师们需要连接技术世界与现实社会,未来工程教育需要革新传统课堂,回应工程科技新的科技革命和产业革命的呼唤。

传统工程教育课堂的最突出的不足,是理论与实践的失衡。在访谈中,专家们普遍提到一个课程教学中经常困扰学生们的问题:"我为什么要学习这门课

程?”过去的工程教育是以课程为中心的，学生们的理论掌握和能力建设都围绕着课程内容展开。这样的过程是“强制记忆”而非“学习”。正是如此，Tony Marjoram 认为工程课程的课堂亟需一场“教学变革”。Morell 将“实践教育写入课程大纲”作为传统课堂革新的标志，未来的工程课程必须赋予学生“练习”与“实践”的意义。更加重视实践教育而非知识灌输，是工程教学变革的重要特征。

融合了实践教育理念的学习方式，如基于问题的学习（problem-based learning）、基于项目的学习（project-based learning）等，正在改变传统课堂教学的面貌。丹麦奥尔堡大学“基于问题的学习与工程科技可持续发展中心”（UCPBL）主任 Anette Kolmos 特别提到挑战性学习的重要性，她认为，在应对可持续发展及其他重要社会问题时，可以将其嵌入到教育实践中。中国大学例如清华大学已经对挑战性学习进行了多年的探索与实践。Kolmos 认为，挑战性学习最重要的一点，是将学校之外的真实社会带入教育体系；帮助学生们在纯粹的学术性知识学习外，真正理解知识是如何解决实际问题的。这些新兴的教学方式并不意在取代传统方式，两者需要有机结合，既发挥传统课程建立概要式的知识体系的优势，又能让学生掌握知识并更深刻地理解它们。未来大学的工程教育，应当联结传统教学与新兴方法，构建并行不悖的学习模式，引导学生同步进行知识性学习和实践性学习。

工程师们在走向国际、走向未来之前，首先要认识身处的人类社会、感受着肩上的使命。Tony Marjoram 将“社会责任教育”作为未来工程教育的特色内容。工业时代带来的诸多危机，亟需未来工程师的关注和解决。未来工程教育将愈发强调可持续发展问题，工程师不但需要具备技术知识，还要承担更多道义上的社会责任。在这样的时代背景下，美国工程院院长 C. D. Mote 介绍了为全球工程发展而培养学生的“大挑战”学者项目，其核心理念之一是“我们培养的学生要有社会意识”。而在吴启迪部长看来，中国教育语境下的社会意识培养，是懂得“为人民服务”，要让工科学生更多地接触实践，具有人文关怀和社会责任感。

Edward Crawley 教授结合麻省理工的新工程教育改革实践，认为未来工程教育有四项任务：培养能够建造 21 世纪新机器和新系统的工程人才；培养兼具创新、研究和实践能力的工程人才；改变未来工程师学习的方式；改变未来工程师思考的方式。Tony Marjoram 也提到，在未来的工程课堂上，学生的组织形式也将更加接近现实的工程团队。学生的知识学习和能力建设，不再仅仅是个人的“独奏”，更是团队的责任；学生作为团队中的一个重要个体而参与问题解决的过程，完成理论、知识和实践经验的学习。

过去的工程教育总和“刻苦”“无趣”“理论化”等概念联系在一起，一些学生甚至会因畏惧而放弃选择工程学科。日本工程院常务副院长小泉英明认为，工程教育要更加努力地激发学生对工程技术的热情、学习的意愿和判断力。学生被禁锢于课堂、忍受枯燥的知识记忆的场景终将成为历史；通过“大挑战项目”学习，工程能力建设与令人享受的团队学习、实践教育融合，工程教育会变得更亲切、更有效。

未来的工程师不但要走出课堂、接触世界；卓越的工程师，更要把全球发展作为自己的背景。未来的优秀工程师，不再是单纯的技术人才，更被希望成为一个领导者。Lueny Morell 提出，要教授学生们领导力，教他们如何成为一个工程技术领域的领导者，引导人们解决一个个复杂的问题。而南非工程院院士 Brian Figaji 对未来工程师人才提出了更高的期望：成为能够在政治领域拥有一定的话语权和参与度的未来领袖。

三、争论热点：新兴技术的应用会改变工程教育的未来吗？

信息互联、人工智能、机器学习等新工业时代的新兴技术成果，已经将影响力拓展到教育领域；MOOC、VR 应用、“互联网+教育”等词汇，也已算不上新鲜。这些新兴技术蔓延到教育领域之初，似乎酝酿着要在这一领域掀起一场“革命”；然而在历经几年的实践考验后，专家们在“新兴技术在教育领域的融合应用”话题上，争议颇多。

新兴技术在工程教育领域的应用，最突出的优点便是消除空间障碍，提高知识传播的便捷程度。Falade 结合非洲国家工程教育的现状，肯定了 MOOC 对非洲教育的未来贡献。免费、优质的 MOOC 课程克服了地理空间的障碍，快速传播着工程技术知识，为非洲工程师培养提供了一个理想的教学平台。

新兴技术的应用为过去课堂教学中难以解决的实践、实操问题，提供了实用的解决方案。中国铁道科学研究院铁道技术研修学院院长朱克非，对虚拟仿真技术在高铁工程人才培养中的应用前景表示非常期待。目前，铁路一线工程人才的技能培训主要是依托传统的实训基地，但实训基地资源有限，难以满足数以万计的人才培养需求。而虚拟仿真技术的引入，使工程师在传统课堂上就能接受实操培训，这将为高铁工程教育的效率和精准度带来改变。新兴技术不但能解决过去的教学难点，更能配合新的工程人才能力需求。Morell 认为，未来工程人才的高阶能力不能只通过演讲来教授；新的能力建设，需要新的知识内容以及知识获取方式。新兴技术的应用，将世界更加真实地带入课堂；在新的课堂中，教授、课程、教师都在与学生一同改变，去学习新的工程技术知识，去适应新的工程能力建设过程。

新兴技术，诚然为工程教育带来了新的生命力，但如查建中教授所说“技术是工具，不能代替教育的本质”，新技术还未能触动工程教育最本质的部分，谈“改变未来”还为时尚早。什么是教育的本质？他认为“人”才是教育关注的中心，教育科技的应用，并没有改变培养人的目的，也没有改变人的学习内容。

Anette Kolmos 认为，工程教育的变革应该体现“知识的重构”上；而 MOOC 改变的是知识的传授形式，它只做到了呈现和输出知识的教学形式的改变。传统课程体系和知识体系，并没有因为 MOOC 的诞生而改变。查建中教授进行了古今对比，在没有信息技术、没有教育科技工具的中国古代，也存在着优质的教育。专家们认为，教育科技作为工具，最明显的功用是提高效率，让人人、时时、处处都可以学习；但这些工具，在学习动机、学习内容的问题前，依然束手无策。

教育科技尚未实现传统工程教育的改革，遑论“取代”传统课堂教育、学校教育。学校教育对于未来工程师来说，除了知识的传授，还在于提供“成为人”的教育。小泉英明认为，人与人之间面对面的教育是让心智成熟的关键。教育科技可以帮助学生进行知识的自学，但无法培养学生的心智。这正是校园教育无可取代的优势。

四、结　　语

工程教育需要面对的未来是什么？在专家眼里，工程教育的未来，需要从传统课堂走进现实世界，需要从本土培养走向全球认同，从工业 3.0 时代迈入 4.0 时代。面对这样的未来图景，加强国际合作与工程能力建设是必经之路；同时，我们也需清醒意识到，工程教育改革绝非坦途，即便新科技在教育中渗透，但还不能够完全回答旧的教育问题。

荆棘与鲜花的相伴而生，将是途中常态。中国未来的工程教育，将与“一带一路”“中国制造 2025”等国家倡议和战略相伴同行，并完成从“大国”到“强国”的转型；中国未来的工程教育，也将成为积极推动国际工程教育变革和发展，共同支撑人类社会文明进步的重要力量。

第二部分

致辞嘉宾、主持人和报告人简介

致辞嘉宾简介

周 济 博士，华中科技大学教授，中国工程院院士。中国工程院院长。历任华中科技大学校长、湖北省委常委会委员兼省科技厅厅长、武汉市市长、教育部部长等。

杨 斌 博士，管理学教授，清华大学副校长、教务长，清华大学领导力研究中心主任，清华大学教育基金会理事长，中国学位与研究生教育学会副会长，全国工程专业学位研究生教育指导委员会副主任委员。

欧敏行(Marielza Oliveira) 博士，联合国教科文组织驻华代表处代表。历任联合国开发计划署(巴西利亚)项目官员、联合国训练与研究组织中心副主任、联合国战略规划网主席、联合国可持续发展目标专家组观察员等。

Jorge Spitalnik 世界工程组织联合会(WFEO)主席,世界工程组织联合会-联合国关系委员会主席,美国核能学会理事会成员,美国核能学会拉丁美洲部(LAS/ANS)执行委员会委员,泛美工程师学会联合会(UPADI)执行董事。

主持人简介

吴启迪　博士，教授，联合国教科文组织国际工程教育中心主任，清华大学工程教育研究中心主任，全国人大常委会委员。历任同济大学校长、教育部副部长等。

田红旗　博士，中国工程院院士，轨道交通工程技术专家，中南大学教授，中国工程院前副院长。第十一届、十二届全国政协委员。

余寿文　清华大学教授，清华大学原副校长，国际工程教育学会联盟前副主席（2008—2012 年），国际断裂大会主席（2013—2017 年）。曾获国际工程教育联盟“全球工程教育杰出贡献”主席奖。

瞿振元　中国高等教育学会会长。历任原国家教育委员会思想政治工作司司长、教育部高校学生司司长、中国农业大学校务委员会主任等。第十届、十一届全国政协委员。

查建中　博士，北京交通大学教授，比利时鲁汶大学Group-T国际工程学院董事，联合国教科文组织产学合作教席主持人，联合国教科文组织教育信息化研究所董事。

报告人简介

C. D. Mote 博士,马里兰大学帕克分校董事教授,美国工程院院长,美国工程院院士、中国工程院外籍院士。曾任马里兰大学帕克分校校长等。

吴 岩 博士,教授,教育部高等教育司司长。曾任教育部高等教育教学评估中心主任、北京教育科学研究院副院长。

杨 斌 博士,管理学教授,清华大学副校长、教务长,清华大学领导力研究中心主任,清华大学教育基金会理事长,中国学位与研究生教育学会副会长,全国工程专业学位研究生教育指导委员会副主任委员。

Edward Crawley 博士，教授，俄罗斯斯科尔科沃科技学院校长，美国工程院院士、中国工程院外籍院士。曾任美国航空航天局技术和商业化顾问委员会主席、美国航空航天局咨询委员会委员、麻省理工学院航空航天系主任、剑桥大学－麻省理学院研究所执行所长。曾被授予"美国航空航天局公共服务勋章"。

Hans J. Hoyer 博士，教授，国际工程教育学会联盟（IFEES）秘书长，全球工学院院长理事会（GEDC）秘书长，马凯特大学国际工程专业资深研究人员。曾担任美国工程教育协会国际项目和战略部主任，是印美工程教育合作联盟的创建人之一。2006 年之前，担任世界银行世界发展联络项目的首席执行官。

Funso Falade 教授，非洲工程教育协会（AEEA）的创始人和现任主席。曾任国际工程教育学会联合会副主席（2008—2012 年）。获 2010 年第四届尼日利亚大学研究和发展大会科学技术研究个人奖。

Yashin Brijmohan　职业工程师，南非莫纳什大学工程、信息技术和设计系主任，商业、工程和技术系常务系主任。世界工程组织联合会（WFEO）副主席、工程能力建设委员会主席。

Rovani Sigamoney　化学工程师，先后在联合国教科文组织（UNESCO）负责化学项目以及 2011 年国际化学年的组织活动。2011 年 11 月至今，负责执行 UNESCO 科学总干事助理倡议的工程计划的组织工作。

龚　克　博士，世界工程组织联合会（WFEO）候任主席[①]、信息与通信委员会主席，联合国秘书长科学咨询委员会（SAB）成员，中国科学技术协会常委会委员。曾任天津大学校长、南开大学校长。

① 龚克于 2017 年 12 月 5 日当选 WFEO 候任主席，并将于 2019 年 12 月正式履行主席职责。

小泉英明(Hideaki Koizumi)　博士,教授,日本工程院常务副院长,日本科学委员会(内阁府)委员,日立公司荣休资深顾问,中国工程院外籍院士。

Brian Figaji　教授,曾任半岛理工学院副校长、校长,南非工程理事会副主席,曾任联合国教科文组织执行局委员,南非 National Orders 顾问委员会委员。

Robert (Bob) Pullen　注册职业工程师,南非工程院院士。历任南非工程委员会(ECSA)会长、南非土木工程学会(SAICE)主席、南非工程院院长。

Tony Marjoram 博士，教授，联合国教科文组织基于问题的学习工程科技可持续发展中心客座教授，墨尔本大学和曼彻斯特改革创新研究院荣誉院士。长期在联合国教科文组织工作，组织发布了联合国教科文组织在全球工程领域的第一份国际报告《工程：问题、挑战和发展机遇》，并获得戴姆勒-联合国教科文组织“全球对话工程奖”。

Anette Kolmos 教授，联合国教科文组织基于问题的学习工程科技可持续发展中心主任，《欧洲工程教育杂志》副主编。曾任《工程教育杂志》副主编、欧洲工程教育学会会长。获国际工程教育学会联盟（IFEES）全球杰出工程教育奖。

Lueny Morell Lueny Morell & Associates 的创始人、首席执行官，InnovaHiEd 公司联合创始人、执行总裁。电气和电子工程师协会（IEEE）会士，美国工程教育协会（ASEE）会员，美国工程技术认证委员会（ABET）评估专家，国际工程教育学会联盟（IFEES）、全球工学院院长理事会（GEDC）的创立者之一，IFEES 前主席。2006 年获美国工程院戈登奖，2014 年获国际工程教育学学会（IGIP）国际工程教育奖。

朱克非　中国铁道科学研究院铁道技术研修学院院长。长期围绕铁路运输组织与管理创新开展研究，近年来，带领团队围绕中国高铁走出去开展系列课题研究，成果获中国铁道学会科学技术奖特等奖2项、中国铁道科学研究院科学技术奖7项。

查建中　博士，北京交通大学教授，比利时鲁汶大学Group-T国际工程学院董事，联合国教科文组织产学合作教席主持人，联合国教科文组织教育信息化研究所董事。

第三部分

致　辞

中国工程院院长周济致辞

女士们、先生们，朋友们：

初夏时节，联合国教科文组织国际工程教育中心主办的“面向未来的工程教育与工程能力建设”国际工程教育论坛在美丽的清华大学校园举行。我代表中国工程院对论坛的举办表示热烈的祝贺。

当前，世界各国都将科技创新作为国家经济增长的核心驱动力，创新创业型经济发展浪潮正在席卷全球，已成为影响社会经济增长的重要因素之一。习近平主席在2014年国际工程科技大会上指出，工程科技更直接地把科学发现同产业发展联系在一起，成为经济社会发展的主要驱动力；工程科技创新驱动着历史车轮飞速旋转，为人类文明进步提供了不竭动力源泉；工程科技的每一次重大突破，都会催发社会生产力的深刻变革，都会推动人类文明迈向新的更高的台阶。中国以及其他新兴国家的发展经验表明，工程科技对于经济增长、社会发展的作用是决定性的。

是否有足够的、合格的工程师，影响着一个国家的科技和经济发展水平。中国的工程教育经过多年的发展，已经站在了新的历史起点上，目前已拥有世界最大规模的工程教育，有4 000多万工程科技人才，中国工程教育在校生规模位居世界第一，工程教育质量也稳步提高，为我国全面建成小康社会提供了重要的人才支撑。随着现代化建设和“一带一路”倡议的逐步实施，工程教育如何面向产业、面向世界、面向未来是一个需要我们思考的问题。在现代工业全球化发展趋势下，培养一大批综合素质优秀、专业基础扎实、具备国际视野和跨文化合作交流能力的高素质人才，已经成为共识。

为了实现高等工程人才结构优化和质量提升，中国工程教育坚持走中国特色新型工业化道路，培养能够适应和支撑产业发展的创新型工程人才与具有国际竞争力的工程技术人才。这对工程教育在创新能力、人文素养以及解决问题的系统性思维等方面提出了新的要求，需要工程教育在教学理念、培养计划、课程设置、教学评估等方面做出积极变革，主动适应经济社会需求。本次论坛邀请了多位国际有影响的专家学者做主旨报告，分享他们在工程教育和工程能力建设方面的真知灼见，相信对于中国高等工程教育的改革发展和国际交流必将发挥积极的作用。

女士们、先生们,朋友们!今天上午,国际工程教育中心理事会、顾问委员会召开了第一次会议,取得了卓有成效的建设性成果。国际工程教育中心将以UNESCO的宗旨和原则为指导,与全球开展工程教育合作交流,推动全球工程教育界共同面向未来、造福人类。希望通过本次论坛,为国际工程教育搭建交流平台,期望论坛经验惠及中国和更多国家,从而推动世界各国工程教育的合作与发展!

最后,衷心祝贺本次论坛圆满召开。谢谢大家!

清华大学副校长、教务长杨斌致辞

尊敬的周济院长、联合国教科文组织代表，尊敬的吴启迪副部长、国际工程教育中心理事、顾问委员，女士们、先生们：

大家下午好！

首先，我谨代表清华大学，向本次国际工程教育论坛的召开表示衷心的祝贺，向前来参加论坛的国内外各位嘉宾表示热烈的欢迎！

工程科技与世界发展密切相关，工程教育的未来与世界的未来密不可分。"任何一个领域的重大工程科技突破，都可能为世界发展注入新的活力，引发新的产业变革和社会变革"（习近平主席 2014 年国际工程科技大会致辞）。5 月 14 日，习近平主席在"一带一路"国际合作高峰论坛开幕式上指出，"从历史维度看，人类社会正处在一个大发展大变革大调整时代。世界多极化、经济全球化、社会信息化、文化多样化深入发展，和平发展的大势日益强劲，变革创新的步伐持续向前。"在这样一个时代，对人才和教育的需求正在发生深刻变化。

为了应对新时代的挑战，在世界范围内，许多国家先后出台了国家战略，比如德国的"工业 4.0"、我国的"中国制造 2025"、美国的制造业回归等。新的制造业转型意味着工程教育变革，工程教育改革必须及时应对挑战趋势、培养合乎时代要求的工程人才。

我们需要思考工程教育的未来。工程的进步与人类社会的发展密切相关，为了实现可持续发展目标，工程伦理应该是工程教育的重要内容，要将学生社会责任感的培养放在重要位置。清华坚持"世界一流，中国特色，清华风格"的发展道路。我们启动了高等教育综合改革，价值塑造、能力培养、知识传授三位一体的人才培养新模式进入了实施阶段，在价值塑造中突出强调学生社会责任感的培养。

我们需要思考未来的工程教育。工程教育要面向未来、面向创新和实践。工程科技是传统学科，但是坚持实践，创造和应用最好、最新的方法，一直是工程教育的不懈追求。工程教育要在坚持实践的基础上，突出创新意识和创新能力的培养。"厚基础、重实践、求创新"是清华的教育特色。以核能的安全利用为例，在持续探索与实践的基础上，我们不仅在物理上消除了重大核事故发生路径，也在实践中建设了全球首台商业化第四代核电示范工程。

目前，工程教育的国际化趋势日益明显，越来越多的发展中国家学生前往教育发达国家接受工程教育，全球化和技术的国际化发展都对工程教育产生了深刻影响，未来的工程教育将是国际化的工程教育。国际化办学是清华新百年战略的重要组成部分，迈向第二个百年的清华将更创新、更国际、更人文。迄今为止，我们已经与全世界100多所高校签订了校级学生交换协议，开展了30多个国际双硕士学位项目，其中大多是工科项目。

感谢各位参加今天的国际工程教育论坛。我们愿意与各位深入探讨工程教育的未来发展方向，愿意与世界各国分享中国的工程教育经验，共同推进工程教育的发展，贡献全世界的可持续发展！

谢谢大家！

联合国教科文组织驻华代表处主任欧敏行致辞

尊敬的各位嘉宾，女士们、先生们：

下午好！

我非常高兴也非常荣幸能够代表联合国教科文组织（UNESCO）参加国际工程教育论坛。这是一个非常重要的会议。理由有很多，第一，今天上午国际工程教育中心（ICEE）理事会和顾问委员会第一次会议召开，取得了卓有成效的建设性成果，完全达到了预期的目的，作为 UNESCO 领导下的二级中心，ICEE 会成为 UNESCO 大家庭中最具活力也最具专业性的中心之一。同时，在中国工程院和清华大学这两个世界知名机构的引领下，这个中心一定会做得非常出色。

第二，本次论坛之所以这么重要，也是因为它的主题——“面向未来的工程教育与工程能力建设”，也就是说，我们要面向未来，为未来培养更多的工程师。UNESCO 的工程报告中指出，工程的进步对于整个人类的进步来讲是至关重要的。自第一个车轮发明以来，人类的进步就离不开工程领域的进步。过去 150 多年来，工程技术已经大大改变了整个世界的面貌，延长了人类的平均寿命，提高了人类的生活质量。所以工程是社会、经济和人类发展的重要驱动力，也是创新的关键因素，对解决我们面临的全球问题和挑战起到至关重要的作用。

毫无疑问，要实现《2030 年可持续发展议程》和其中的 17 个可持续发展目标，工程必定要发挥其积极和关键作用。只有工程才能更好地推进环保、绿色、生态建设，并进行持续不断的改进。

过去的几十年中，中国在工程教育领域取得了举世瞩目的成就。但是在很多发展中国家，如非洲，工程教育依然面临着很多挑战。要更好地应对这些挑战，就必须从工程教育抓起。

为了培养更多更好的工程师，让他们掌握专业的技能，政府和私营部门之间要开展良好的合作，对工程教育及培训进行持续的投入。中小学阶段必须加强 STEM[①] 教育，特别是数学教育。高等教育阶段必须通过课程开发和改革的途径

---

① STEM 是科学（Science）、技术（Technology）、工程（Engineering）、数学（Mathematics）四门学科英文首字母的缩写。

加强工程教育，以确保学生掌握动手解决问题的能力。为使妇女和女童充分平等地参与工程教育的学习、研究，我们必须做出特别的努力。如果我们不能确保女性平等参与，我们就永远无法实现创新的目标。

因为联合国教科文组织已经开始准备第二部全球工程报告，所以本次国际工程教育论坛的召开可以说是恰逢其时，能够让我们更好地了解全球工程教育的现状。希望大家为工程教育未来的发展、为更好实现2030年可持续发展目标献计献策，我非常期待倾听大家的意见和建议。期待国际工程教育论坛取得圆满成功！

世界工程组织联合会主席 Jorge Spitalnik 致辞

尊敬的各位领导、来自工程界的同仁们：

大家好！

此次重大会议主要讨论有关工程教育和工程能力建设方面的问题，与建立工程师资格认证和专业能力的全球标准密切相关。

工程是科学知识、经济发展水平和技术水平的综合体现。工程改善着人类的生活质量。实质上，这种旨在提高人口生活标准的使命意味着工程师要以明确的社会维度实践自己的职业。从某种意义上说，工程专业人员能够在任何社会背景下从事自身的职业工作。

因此，保证工程师教育培训内容及深度上的明确一致性以及工程师自身的批判性思维都是至关重要的，使工程师的专业实践能够符合国际和其他国家现有的质量标准。这样，工程专业人员就可以实现在全球范围内的自由流动。

世界工程组织联合会(WFEO)在推动和建立有利于其成员国工程师在世界各地区流动方面具有天然的权威性。这对于建立国际工程合作关系而言是一项重要的工作。

WFEO认为，一个具有现代职业素养的高素质工程师在从事工程专业工作时，将会遵守职业道德并积极响应其客户需求，即使客户对工程知识知之甚少或一点都不了解。

制定工程师资格认证和专业能力的全球标准至关重要。各国工程认证体系的发展和工程师专业能力评估机构的建立将保证工程师能够胜任全球各地的工作。工程社团所管理的各个组织在不受政府影响的情况下，能够依据核心专业知识成功开展此类活动。这一点与将专业知识用于教育和管理其实践者的基本理念一致。这也是实现国际认可的基石，需悉心保护。

实际上，国际组织所实施的认证和能力评估工作可以比较不同国家的准入制度，并借此制定具有类似工程师专业实践质量的标准。但是，并不能据此就自动认可专业人员可以在其他国家执业了。拥有此项职能的国家组织应承担起这项责任，对符合条件的工程师进行许可和认证，允许他们在本国开展良好实践，从而对社会和公众负责。所以，对一个国家的体系来讲，必须要负责这个国家内工程领域和工程师认证方面的工作。

WFEO 将支持推动提高工程专业人员全球流动性计划的各项倡议。认证计划必须确保其采用的工程教育标准与国际组织如国际工程联盟或欧洲认证工程项目（European ACE）所采用的标准处于类似的水平。

谢谢大家！

第四部分

主 题 报 告

大挑战学者计划：应对全球工程发展

C. D. Mote

美国工程院院长

我今天要谈论的是一个非常有意思的话题。有这样一种可能性：我们有一个项目，每个大学都可以开展这样的项目，帮助他们的学生做好准备来应对全球工程的发展和挑战。这是可能的，因为目前这个项目进展非常顺利。

21世纪的工程需要实现什么样的愿景？2008年，美国工程院(NAE)组织工程师及相关科学家和医学专家确定未来几十年内工程领域的愿景和若干重大挑战是什么。经过数千公众参与和55次对最终报告的学术权威审核，NAE提出了工程在21世纪需要为地球上所有人提供服务的一个愿景，即"延续地球上的生命，让我们的世界更加可持续、安全、健康和快乐"。此愿景旨在服务于人和社会，而非直接涉及事物。它针对的是地球以及地球上的每个人，而非特指一个国家或特定数量的国家。这是百年大计，并不是一个预算周期计划。衡量生活可持续、安全、健康和快乐的标准将用于判断人们与社会在此愿景中的进步情况。同时，也列述了人类社会在21世纪面临的14项工程大挑战(Grand Challenges)，包括充分利用太阳能、开发核聚变能源、开发碳封存技术、管理氮循环、提供清洁水源、修复与改善城市基础建设、推进医疗卫生信息化、研制更好的药物、推进大脑逆向思维工程、防止核恐怖事件发生、保障网络空间安全、提升虚拟现实技术、促进个性化学习和研发科学探索工具。

我们可以从不同维度来探讨全球工程教育，但在此我只提出一种可能供大家思考：大挑战学者计划(Grand Challenge Scholars Program, GCSP)。GCSP搭建了从国家计划到全球计划的桥梁，旨在培养学生服务人民和社会的跨文化、跨学科的创新能力。工程一般针对物，但实际上我们应以人为中心，关注点应该是如何提高人们的生活质量、如何帮助人们解决问题。

我们的目标是能够通过一些解决方案来实现这14个大挑战目标。但是我们的解决方法要根据不同地方有所变化，比如说提供清洁水方面的目标就是针对那些没有清洁水可用的人,在同一个地区人们获得清洁水的情况也是不一样的。这是一个全球的愿景,但是具体的解决方法是需要因地制宜的,并非有一个统一的解决办法。

GCSP 旨在提升学生在五个领域中的能力,而且这五个领域通常不属于工科课程的组成部分。这其实是一个补充,是对正常的工程教育的补充。每项能力的培养都由大学计划决定。

(1) 研究/创新的能力。学生要在导师指导下开展大挑战类课题的研究或创新,让学生掌握非常具体的经验。

(2) 多元文化理解的能力。学生在实施解决方案的同时,要明白工程是植根于文化当中的,如果仅仅只考虑到自己的文化,这样的解决办法就会失败,因为可能与当地的文化有冲突。我们要了解不同文化,才能使所提供的解决方案能够在目标文化中实现。

(3) 跨学科的能力。工程的系统解决方案将是跨学科的,因此,通过多学科经验获得的理解将非常重要,学生应学习了解不同学科的知识,知道如何进行跨学科学习。

(4) 商业/创业精神。学生应该知道不管有什么样的解决方案,都需要了解其商业模式的可行性,如果没有可行的商业模式,实践中可能就不会有任何成果,所以必须在一开始就考虑到商业模式的问题。

(5) 社会意识。我们最终的目的是为人类和社会服务的,要将这种理念扎根于内心。

大挑战学者计划的一个关键动因就是为解决大挑战相关问题来培养人才。为了能够在世界各地的任何大学实施 GCSP,GCSP 必须明确、简单。所有战略决策都是由各个大学做主,根据各地的情况因地制宜。这样,每所大学都可以决定哪些学生能够接受 GCSP 培养、如何在培养学生的每项能力以及每名学生在规定能力范围内的成就是否足以证明该学生可以成为大挑战学者,同时可获得美国工程院院长向学生发出的个人贺信。对于有意向实施 GCSP 的大学,可以发送相关申请该计划网站,以询问关于选择学生并确保培养其具备以上规定能力的大学计划事宜。

有一本书的名字叫《海星与蜘蛛》(*The Starfish and The Spider*),这本书很有意思,讲自上而下,从 CEO、副手到下面的机构设置如何协调。我们知道,海星是没有中枢系统去控制触角的,它的五个脚是自主的。这与蜘蛛不同,蜘蛛的脚是由中间的身体控制的。GCSP 的实施类似于海星的身体结构,每个学校都有自己的项目,会自主领导和设置自己的项目,所有这些活动都是结合每个国家、每个学校不同的需求进行的。人们觉得这样的理念非常重要，有很多人都赞同这种理念。我们把这样一个项目扩展开来，大家都“量身定做”，根据实际情况调整，具体情况具体分析。

目前，美国境内已经有40多所大学开展了GCSP，如麻省理工学院、圣路易斯大学、欧林工程学院、俄亥俄州立大学、杜兰大学等。一些学校正在审议中，大约30所大学正在制定计划。此外，其他一些国家的高校也已确立或正在规划大挑战学者计划，如马来西亚泰莱大学、新加坡国立大学、澳大利亚国立大学、中国的北京大学等。参与该计划的大学数量正在不断增加。从长远角度来看，预计美国境内高校参与的数量约为150所，或者说有约一半的美国工科院校将会参与进来。2015年，美国有100多位工程学院院长向奥巴马总统签署了启动GCSP的承诺书，并承诺在未来10年内至少培养20 000名大挑战学者。

此外，该计划也已推行到美国各地的“K-12”学校课程中。由于挑战是全球范围的，还必须增加国外大学参与该计划的数量。GCSP是我所知道的可以由世界各地任何学院或大学实施，并可以培养学生服务人民与社会的跨文化、跨学科的创新能力的唯一相关计划。GCSP对于目前工程师的培养非常重要，因为该计划旨在培养工科人才来解决21世纪人类面临的全球问题。

第三届全球重大挑战峰会于2017年7月在华盛顿召开。近800名参会代表中，约500名都是学生，因为学生在应对挑战的过程当中是非常重要的，所以必须要让学生参与进来，参与到问题解决的过程中，要从学生时代开始就训练解决复杂问题的思维。

总而言之，全球的愿景要求我们要有全球性挑战的解决方案，但这些解决方案并不是放之四海而皆准的，必须根据具体情况进行具体分析。所以，我们要让学生知道有这些挑战、有这样的愿景，给他们树立一定的目标。我们需要为应对全球挑战储备这样的专业队伍，要针对未来所面临的挑战来培养人才。这样他们才能真正在面对挑战时扛起重任，并把这样的服务文化慢慢融入全球文化当中。

面向工业界　面向世界　面向未来
——中国工程教育改革发展

吴　岩

教育部高等教育司司长

一、中国工程教育的现状

截至 2016 年年底，中国高等教育在学总人数 3 669 万人，各级各类高等学校 2 880 所。2016 年度中国高等教育毛入学率为 42.7%，未来三年预计可以达到 50%，意味着 2019 年中国高等教育将会迈入一个新的发展阶段——普及化阶段。新中国成立时，1949 年，高等教育在学人数为 11.7 万人；改革开放之初，1978 年，高等教育在学人数为 86.7 万人。2016 年，高等教育在学人数是 1949 年的 357 倍、1978 年的 48 倍。中国已经成为世界上规模最大的高等教育大国。

如表 1 所示，我国工科本科有 31 个专业大类、169 种专业，全国布点 18 117 个，1 100 多所高校开设了工科本科专业，在校生 538 万人、毕业生 123 万人。这里有两组核心数据：三个 1/3、一个 90%。我国高等工程教育专业数占本科教育专业总数的 1/3、在校生数占本科在校生总数的 1/3、毕业生数占本科毕业生总数的 1/3，90%以上的高等院校开设了工程类专业。中国已经形成了世界上最大的工程教育供给体系，层次分明、类型多样、专业齐全、区域匹配。

表 1　我国工程教育规模（2016 年，本科）

	专业类/专业	专业点数	高校数	在校生数	毕业生数
数量	31/169	18 117	1 139	5 380 000	1 230 000
占比	-	32%	92.1%	33.3%	32.8%

经济合作与发展组织（OECD）公布的 2013 年数据显示，中国普通高校工科专业（含专科、本科和研究生等）招生数、在校生数、毕业生数都远远高于世界其他国家，稳居世界首位，数量比紧随其后的俄罗斯、美国等国高出 3~5 倍，如图 1 所

示。其中，毕业生数领先量最大，是位列第二的俄罗斯的 5.7 倍；招生数差距相对较小，是俄罗斯的 4.5 倍。全世界工程教育的 15 个大国，从在校生数、招生数和毕业生数来看，中国的规模与其他 14 个国家之和基本相当。也就是说，中国工程教育的质量在某种意义上决定了世界工程教育的总体质量。如果我国工程教育质量低，就会拉低世界整体的工程教育质量水平。

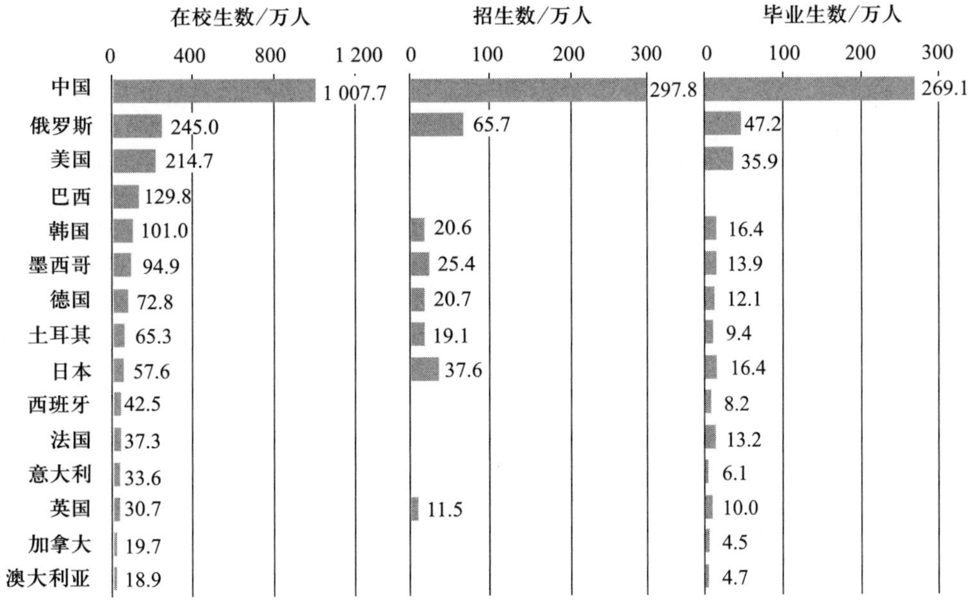

图 1　2013 年世界部分国家工程教育规模比较

数据来源：OECD. Education at a glance: graduates and entrants by field. 2016.（统计口径涵盖专科、本科和研究生等层次工科教育）

我国在工程教育改革发展方面积累了丰富的经验。在宏观层面，教育部不断进行政策创新，实施了卓越工程师教育培养计划、大学生创新创业训练计划、“2011”计划等，支持建设了一批国家级实验教学示范中心、虚拟仿真实验教学中心等，这些措施很大程度上提升了中国工程教育的质量。在微观层面，为保证工科专业人才培养质量，构建了三级专业认证体系。一级认证是指基于信息化技术建成的国家最大的高等教育质量保障数据库，该数据平台对应基本质量标准认证，如果院校达不到该标准，就会得到黄牌警告，整改后再达不到就要停办。二级认证是指国家质量标准认证。三级认证是指国际质量标准认证，与国际标准实质等效。要通过开展高水平、高起点、高标准的专业认证来推进我国工程教育质量的提升，希望我国至少有 20%的工科专业经过努力达到世界一流的水平。

2006 年至 2016 年年底，累计有 822 个专业参加了工程教育专业认证，涉及高校 194 所，其中“985 工程”高校 31 所、“211 工程”高校 72 所。2017 年有 300 多个专业点、近 200 所高校接受工程教育专业认证。工程教育专业认证从每年几个、几十个到 2017 年超过 300 个，从“试验田”走向“大田耕作”，不断扩大专业认证对专业建设的带动作用。

2016 年 6 月，我国正式加入《华盛顿协议》，成为第 18 个成员。这对中国工程教育改革发展意义重大，可以概括为“六个一”：一个里程碑，从原来的模仿、跟随，到现在的并肩而行；一张通行证，中国的工科毕业生可以通过互认走向世界；一套新标准，中国现在采用的是国际实质等效的高标准；一张入场券，中国的工程师可以进行国际职业资格认证和跨国流动；一个新声音，作为世界高等工程教育规模最大的国家，中国的声音应在国际质量标准、认证规则的制定中得到充分的体现；一个新跨越，这是中国从高等教育大国向高等教育强国迈进的历史跨越。

二、面临的形势和挑战

UNESCO 近期研究报告提出，人类正面临着八大共同问题：资源短缺、能源紧张、人口老龄化、经济危机、环境污染、气候变化、疾病流行、贫困。美国《2016—2045 年新兴科技趋势》报告指出了未来世界的六大主要变化趋势：城镇化、气候变化、资源短缺、人口迁移、创新全球化和全球中产阶级的兴起。这些都与工程、工业、工程教育紧密相关。

新的工业革命呼唤着中国工程教育的变革转型。众所周知，以往的科学发现、技术突破到产业革命都是层次分明的梯次发展，但新一轮科技革命与产业变革却不再如此，科学革命、技术革命和产业革命呈现融合发展、跨越发展的新趋势。美国提出“再工业化”战略，德国提出“工业 4.0”，法国提出“新工业法国”，我国提出“中国制造 2025”等，这些都是在应对新工业革命的挑战。高等工程教育必须要对此给予应答，否则就有可能落后于时代的发展。

从国际工程教育发展的新动态来看，我们需要把握好以下三个方面。第一，扩规模、调结构。要继续扩大 STEM 人才培养规模，重视吸引年轻人学习工程专业，同时要调整工科人才培养结构。第二，定标准、推互认。要提升工科人才培养标准，继续扩大国际性工程教育互认体系。第三，推创新、促改革。要积极推进创新创业教育，深入实施“卓越工程师教育培养计划”，探索实践绿色工程教育理念，促进产学研用的深度合作。

从国内形势看，中国工程教育面临两个主要变化：第一，发展动能转换、产业转型升级，以新技术、新业态、新产业和新模式为特征的新经济正在蓬勃兴起；第二，创新驱动发展、“一带一路”、“中国制造 2025”等一系列战略和倡议的深入实施。

面对新形势、新要求，中国工程教育还面临五大挑战：一是前瞻性、战略性的谋篇布局不够；二是供给侧结构性过剩与短缺并存；三是专业动态调整机制亟待完善；四是质量建设“最后一公里”还未真正落地；五是质量评估检查保障力度不够，质量文化建设刚刚起步，大学还远未形成自我监测、自我改进、自我提升的良性质量文化。

三、开拓工程教育新思路

UNESCO《教育 2030 行动框架》中提出，确保全纳、公平、优质教育，使人人可以获得终身学习的机会。其中有三个关键词：全纳、公平、优质。“全纳”体现了教育的可获得性和包容性；“公平”体现在准入、参与、保留、完成和学习结果方面消除所有形式的排斥、边缘化、不公正和不平等问题；“优质”要确保教育能在所有水平和不同环境里导向有效的学习结果。这里反复提到的学习结果不再是条件、师资等，而要把公平和优质更多聚焦在学生的学习结果上。中国目前的工程教育理念与 UNESCO 的“行动框架”非常契合。

我国的工程教育应体现“三个一流”的概念：一流本科、一流专业和一流人才。培养一流人才，基础和核心是一流本科。要办好一流本科，必须有一流专业做支撑。专业是人才培养的基本单元，就像人的腰，腰不好就会站不直身、挺不起胸、抬不起头。把专业建好了，人才培养才有基本保障，一流人才的培养目标才能真正实现。因此，工程教育应该注重专业建设，要通过老师和学生的共同努力，把宏观层面的顶层设计落实到微观层面的具体操作上。

（1）树立新理念。“学生中心、结果导向、质量持续改进”是工程教育认证和工科人才培养的三大理念。“学生中心”，就是把全体学生的学习效果作为关注的焦点；“结果导向”，就是要深入理解教学设计和课程目标是保证学生取得特定学习结果的前提；“质量持续改进”，就是要建立“评价—反馈—改进”的闭环，形成持续改进的机制。

（2）实施新举措。一是实施“卓越工程师教育培养计划 2.0 版”，服务竞争力中国。高等工程教育要着力于提高国家发展硬实力，要面向工业界、面向世界、面向未来，站在世界科技革命和产业变革的潮头，支撑引领新经济。“卓越工程师教育培养计划”已经实施八年，需要进一步升级。为主动应对新一轮科技革命与产业变革，必须加快建设发展新工科，率先进入高等工程教育的世界第一方阵，并且位于前列。新工科包括建设新的工科专业和体现工科的新要求。下一步要组织开展“新工科研究与实践”立项，引导工程教育实现三个转向：由原来的学科导向转向以产业需求为导向，由原来壁垒森严的专业分割转向跨界交叉融合，由只强调适应经济、服务经济转向支撑和引领经济发展。

二是实施产学合作协同育人项目。深入推进产学合作协同育人，汇聚社会资源支持高校专业综合改革和创新创业教育，以产业和技术发展的最新需求推动高校人才培养改革，在教学内容与课程体系改革、师资培训和实践条件建设等方面实现突破。

三是办好中国“互联网+”大学生创新创业大赛。第三届大赛于 2017 年 3 月正式启动，经过校级初赛、省级复赛，全国总决赛于 9 月 16—18 日在西安电子科技大学举行。同期举办“青年红色筑梦之旅”、“一带一路”创新创业教育大学校长论坛等活动。大赛受到各界广泛好评，被投资界誉为“全球最大、最好的路演平台”，被媒体评价为“非同凡响、继往开来”的大赛。本届大赛参赛范围广、项目竞争力强、青年创新创业潜力大、国际影响显著，在国际上打造了高等教育的一道亮丽风景线。创新创业教育已经成为新时期大学生素质教育的新突破，高等学校人才培养模式的新探索，当代大学生绽放自我、展现风采、服务祖国的新平台，中国为世界高等教育贡献的新经验。

（3）制定新标准。标准是衡量事物的准则。国内外高等教育质量保障研究已开发出各类质量标准。其中“五个度”是具有中国特色的质量评价标准，高校本科教学工作审核评估、各类高等教育质量报告均采用“五个度”标准框架，即培养目标的达成度、社会需求的适应度、教师及教学资源的保障度、教学及质量保障体系运行的有效度、学生和用人单位的满意度。“五个度”具有体系性，形成闭环结构；具有综合性，囊括主流研究框架及指标；具有生成性，产生分类指导意义；具有可操作性，指导开展定量及定性两类评估活动，是介于宏观、微观之间的中观通用质量标准体系，能够成为审核评估、监测评估等工作的理论基础和实践依据。这个标准正在得到越来越多国家的认可，相信假以时日，中国这个标准有可能成为世界标准。

（4）构建新机制。一是结构调整新机制，建立健全需求为导向的学科专业结构、创业就业为导向的人才培养类型结构等；二是协同育人新机制，开展校校、校企、校地、校所及国际合作；三是交叉培养新机制，开展跨院系、跨学科、跨专业人才培养。

（5）采用新技术。教育改变命运，网络改变教育。要把促进现代信息技术与教育教学深度融合作为一个战略手段，实现“变轨超车”，一是加快建设优质在线开放课程；二是推动在线开放课程广泛应用，创新教学模式；三是推进教学管理系统现代化，优化管理手段等。

（6）提供新保障。我们的目标是建立中国特色、世界水平高等教育质量保障体系,包括一平台(国家质量监测数据平台)、二支柱(院校评估和专业认证)、三保证(内驱力、外推力和影响力)。总之,用新理念、新措施、新标准、新机制、新技术、新手段来推动工程教育质量保障体系的建设,加快建设工程教育强国。

习近平总书记指出,“我们对高等教育的需要比以往任何时候都更加迫切,对科学知识和卓越人才的渴求比以往任何时候都更加强烈”,这是高等教育的时代使命。希望国际工程教育中心秉承UNESCO“和平必须建立在人类道德与智力团结基础上”的宗旨,建成高水平的人才培养基地、智库型的研究咨询中心、国际化的交流平台,为全世界工程教育改革发展提供智力支撑。

中国工程专业学位教育的发展与展望

杨　斌

全国工程专业学位研究生教育指导委员会副主任委员[①]

本人有幸在全国工程专业学位研究生教育指导委员会(以下简称“工程教指委”)担任秘书长。作为国务院学位委员会、教育部、人力资源社会保障部成立的全国工程专业学位研究生教育指导委员会,其肩负着指导全国400余所院校的工程专业学位研究生教育的职责。自1997年我国开办工程硕士专业学位到2017年正好二十周年。所以,我今天代表工程教指委,向来宾介绍一下中国工程专业学位研究生教育的发展,并展望一下今后一个时期的发展愿景。

在中国,本科毕业后走向社会、走向岗位开始职业生涯发展的学生比例大约不超过五分之一,这和美国、英国或者其他发达国家的情况有些不一样。这些国家很多本科生毕业会先走向工作岗位,之后根据自己的需要去选择某个研究生专业进行深造。而中国学生在大学从本科到研究生连续读完的现象是比较常见的,这也是促使我今天和大家分享工程专业学位研究生教育的一个原因。

首先回顾一下中国专业学位发展的历史进程。专业学位人才培养的目标非常明确,是培养面向实践的高水平、高层次、应用型人才。中国专业学位的发展与中国经济社会的发展相互促进,为国家的快速发展提供了强有力的智力支撑和人才支撑。

追根溯源,中国专业学位最开始的雏形可追溯到1984年。1984年,清华大学、西安交通大学等11所院校提出了“培养工程类型研究生的建议”,强烈呼吁院校要为企业培养急需的应用型人才。1991年,我国设立了第一个专业学位,即MBA;1992年设立了建筑学本科和硕士工程学位;1996年设立了教育硕士;1997年设立了工程硕士专业学位,从数量上极大地扩充了专业学位的人数。2011年设立了工程博士专业学位,现在拥有工程博士学位授予权的院校共24所。工程

① 编者注:杨斌出席“2017国际工程教育论坛”时任全国工程专业学位研究生教育指导委员会秘书长,现任全国工程专业学位研究生教育指导委员会副主任委员。

博士目前在国内也是学界讨论的一个重要话题，各位专家也可以花一些时间参与思考讨论，工程硕士与工程博士之间的界线在哪里，在人才培养中应以何种方式更好地服务于不同的需求目标。从学位设置类型来看，目前，中国专业学位设置了1种专业学士、40种专业硕士和6种专业博士。中国专业学位发展历史进程如图1所示。

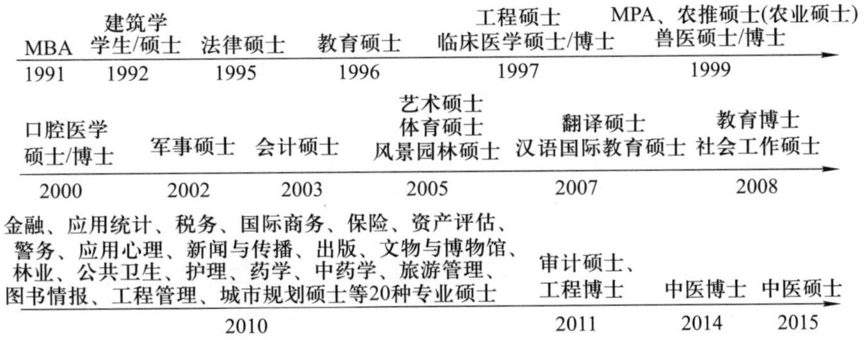

图1　中国专业学位发展历史进程

工程硕士设有40个工程领域，各院校按工程领域培养工程硕士。从院校规模来看，目前，工程硕士培养院校有407家（图2），MBA有239家院校。由图3可见各院校工程领域工程硕士专业学位授权点的情况，可以看出，40个工程领域及其各院校工程领域工程硕士专业学位授权点已覆盖了中国主要的产业，呈全工业产业链布局。从招生和授予学位人数看，工程硕士招录人数累计已达140多万人，授予学位数量累计超过80万人。工程专业学位研究生教育已成为中国培养和输送高层次、应用型、复合式工程科技人才的重要途径，工程硕士不仅已成为中国专业学位教育的主要组成部分，也是全球规模最大的工程专业学位。

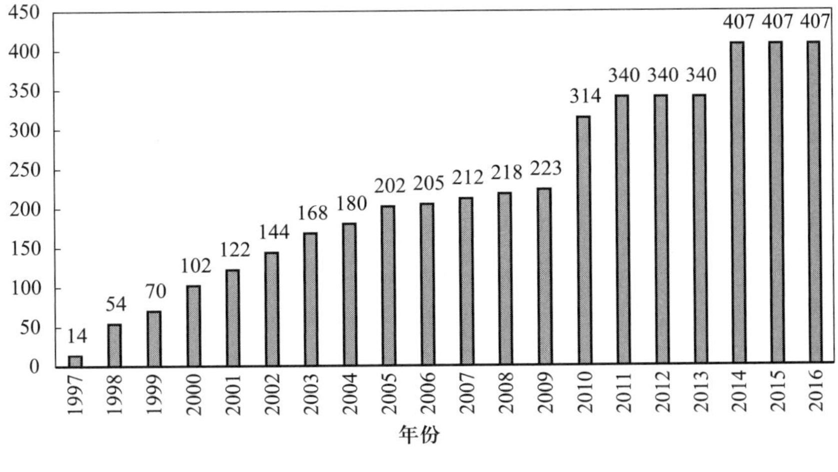

图2　1997—2017年工程硕士专业学位院校数量

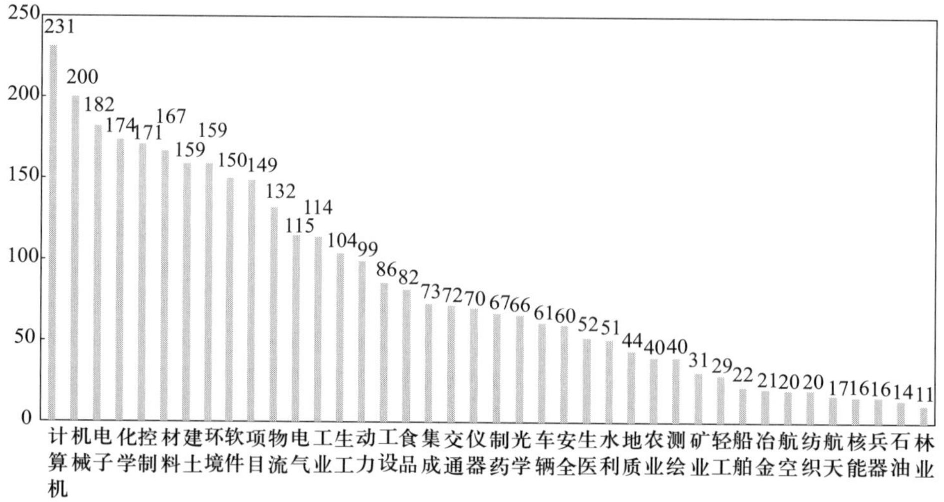

图 3　2017 年 40 个工程领域工程硕士专业学位授权点情况

工程教指委是推动中国工程专业学位发展的重要专家组织，清华大学邱勇校长任主任委员。工程教指委的人员组成包括院校的校长和副校长、主管教学或研究生院的院长（这部分人员占较大比例），还有工科带头人、工程领域中的企业家或是总工程师、参与工程师职业资格认证工作的专家等。

工程教指委开展的工作大致可归纳为九大方面。① 标准制定。例如：工程硕士、工程博士的专业学位基本要求、各院校培养方案制定时的指导性文件等。② 课程建设。例如：包括工程数学、工程哲学等公共课和工程领域的核心课程建设，以理论与案例相结合、纸质版与电子库相结合为特征的教材建设，以专用在线教学平台和百余门 MOOC（massive open online courses，大型开放式网络课程，简称“慕课”）全球发布免费学习为特色的 MOOC 建设，以工程实际案例和视屏呈现为特点的工程案例库建设。③ 实践教育。在全国建立了数千个实践基地，已评选出 108 个校企联合培养示范基地和 1 个联合培养开放基地。学生通过这些基地，在导师指导下完成企业技术项目，促进了学生感知工程、深入理解理论方法的能力。④ 伦理教育。通过教材、MOOC、培训、研讨等途径全力培养工科学生的社会责任感和工程伦理素养。⑤ 质量评估。对院校的教育教学质量进行定期检查，共计评估 257 个授权点，取消不合格的 18 个，限期整改 7 个。⑥ 教育认证。联合行业和用人部门，对项目管理、物流工程、石油工程等领域进行教育质量认证。⑦ 评优表彰。已评出“突出贡献的工程硕士奖”341 名、“实践优秀成果奖”223 名、“联合培养基地奖”109 个。⑧ 交流研讨，举办 40 余次全国会议和 40 个领域的会议。⑨ 课题研究。自 2007 年启动以来，两年一轮，已历时 5 轮，开展了上百个课题的研究，通过教育研究指导教育教学工作。

值得特别强调的是培养学生社会责任和工程伦理的问题。伦理问题已成为一个十分紧迫的话题。我们很多工程过去兴于大的建设、大的发展机遇，今后可能面临毁于伦理、困于伦理的挑战。当中国的工程项目拓展到海外时，会发现跨文化的伦理挑战将决定我们是否能够走得更远。在这方面，工程教指委牵头组织清华大学等院校的教师编写了国家级规划教材《工程伦理》，同时也推出了与教材相匹配的慕课，自 2016 年 7 月至今已召开了多期工程伦理骨干教师师资培训班。我们鼓励业界的工程师到院校中去讲授并与同学们分享与工程伦理实践有关的内容。

中国工程专业学位的未来发展面临的最大困难和机遇是什么？我曾在一篇文章中提到，当讲到中国的事情时经常会涉及一个词“新常态”。对于中国工程专业学位教育来说，“新常态”的含义有三方面。第一，工程教育要插上创业的翅膀。要培养学生的创新意识和创业能力，这对专业学位研究生来说非常重要。工程教指委每两年都会评选优秀的工程硕士校友，现在正在动议“工程硕士创业尖兵”，希望能够树立一些楷模，让后人有所学习。第二，工程教育要适应工程建设全球化的趋势。“一带一路”倡议意味着未来的工程项目建设中要有具备国际视野和处理国际事务能力的人才。设在清华大学的 UNESCO 国际工程教育中心有一项非常重要的工作，就是要制定一些国际性的工程教育标准，中国要在国际标准的制定中拥有话语权。在目前国内的工程教育中，关于国际标准的制定做得还不够好，还有很长的路要走。第三，工程教育要强调可持续发展。我昨天参加一个学生海外社会实践活动总结会，其中有一个项目就是中国公司要援建一条在肯尼亚的公路，但是建造公路时必须注意不能妨碍动物大迁徙。在这方面有些项目已经树立了很好的典范，如青藏铁路建设项目。总之，创新创业、国际化和绿色可持续发展这三方面对于中国研究生层次的工程教育特别是专业学位来说是一个非常大的挑战。

第五部分

特 邀 报 告

MIT 的新工程教育变革

Edward Crawley

麻省理工学院工学教授,美国工程院院士、中国工程院院士,
俄罗斯斯卡斯沃理工学院创校校长

今天给大家介绍麻省理工学院(MIT)一个新的项目,这是我第一次在学校以外的地方讲这个项目,所以我是非常自豪的。项目的名字叫作 NEET(New Engineering Educational Transformation,新工程教育变革)。NEET 项目是在 MIT 的指导下,采用新的系统、新的措施设立的,希望非常大胆、非常大动作地做一些事情。教育改革其实是机构改革、机构渐进完善的过程。我们要推动大胆的改革。

我们要开诚布公地讨论,在整个建校理念或者是宗旨基础上来谈论这些精神,这是 MIT 的基石。这是非常重要的。教育是教给学生有用的知识,让学生用知识武装自己,这是我们的责任。MIT 的文化和价值观中包括有用的知识、社会责任、实践学习、学以致用等,还有其他一些价值观的培养,我们的教育应该让学生为生活做好准备。也就是说,通过这样一些办学宗旨让学生具备工作、知识和生活方方面面的素质与能力。了解了这个宗旨,才能更好地了解我们的项目。

第一个原则,我们应该以一种前瞻性的眼光来看待所发明的技术、看待 21 世纪、看待未来。我们的教育要能够让学生具备在新世纪发明新机器、研发新系统的知识和能力。如何去做呢? 我们需要制定新的标准,需要知识的更新与集成(包括机械、信息、分子学、生物学、能源等),这是非常复杂的,呈高度网络化,需要从更高的层面上来统筹,同时还要支持可持续发展。

第二个原则,我们应该帮助学生成长为创造者、发现者或者朝这方面努力,并把工程基础作为从事研究和实践工作的基础。我们需要让学生能够知晓自己未来的发展有哪些可能性,因为部分学生可能并不清楚自己今后会从事什么样的工作,要通过教育让他们了解在朝着成为创造者、发现者努力的这条道路上到底有哪些可选的方案。

第三个原则，我们应该学习教育学原理以更好地支持学生进行学习。要采用最适合的学习方式让学生开展学习，倡导数字教育，因为信息化是未来教育的发展趋势。学生的学习方式在不断变化，而且变化得相当快，他们不再按照传统的依靠书本进行学习。所以，我们一定要了解学生的思维方式、学习方式到底是如何变化的，根据这些变化来仔细研究教学方法应采用哪些策略。在开展 NEET 项目的过程中要给予教师以支持和帮助。

第四个原则，在科技发展日新月异的时代，我们要教会学生如何思考，如何更好地自主学习。我们应该教会学生的是思维方式而不仅仅是要学的知识。我们开展了一个很有意思的研究，发现有 11 种工科学生需要掌握的学习方式或者是思维方式：实践思维、发现思维、个体思维、人际思维、系统性思维、创造性思维、批判性和元认知思维、理解分析思维、计算思维、实验思维、人文思维。相应地，教师在教学的时候也需要针对学生这些不同的思维方式开展教学。

我们这些理念、宗旨和思维方式、方法等有一些是非常大胆、比较创新的。我们搜集了很多案例、很多例证，包括来自清华大学的。我们通过一些知名大学和来自不同行业的校友们去收集不同的案例及信息等，构建了 NEET 以项目为中心的模型。

图 1 是我们当前典型的教育形式。例如，第一年实施一个主题，第二年实施第二、第三个主题等，第三年可能是参与项目实施。我们把这种形式称之为以主题（或课程）为中心的教学。

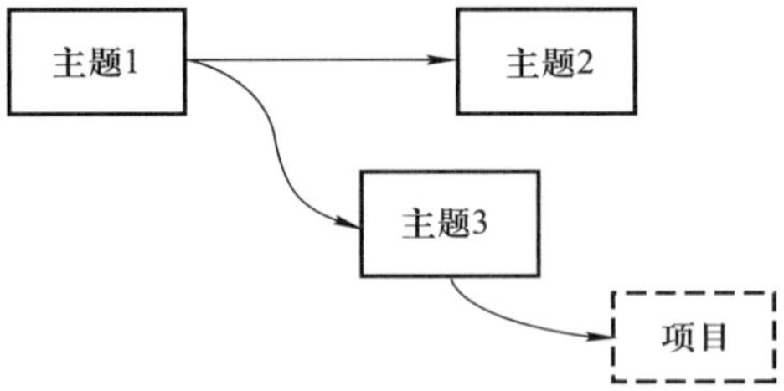

图 1　当前以主题为中心的主要教育形式

NEET 构建了以项目为中心的课程体系（图 2），以取代图 1 所示的教育形式。每年会有 1~2 个项目，但不一定每个学期都会有，这些项目是精心设计、一步一步环环相扣的，逐步实现对学生的引导。例如，第一年学习简单的电器，第二年可能学习别的东西，第四年甚至可能学习的是设计无人机或者是自动驾驶的汽车。学生们围绕不同主题学习，通过 MOOC 等数据平台进行自主学习。在这个过程中，学生会经常与指导他们的教师进行沟通，学生之间也可以实现有效的沟通，从而学习如何处理人际关系，这样今后也能成为好的领导者。这些项目是逐渐推进

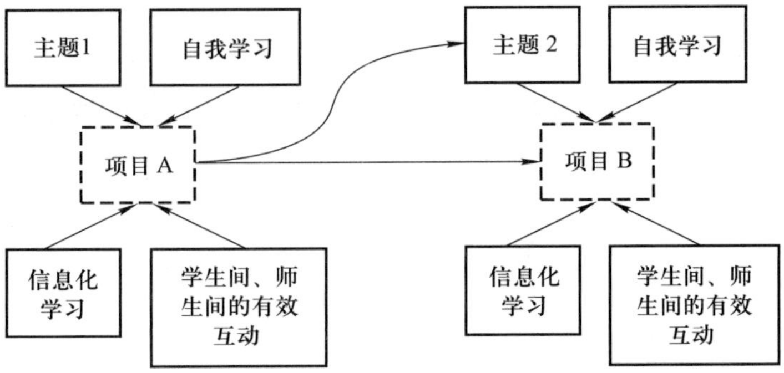

图 2　NEET 以项目为中心的课程建构

的,并不是随机选择的。例如图 3 所示的 A、B、C、D 四种项目,项目是递进开展的,有的需要团队合作,有的需要个体独立承担,还有来自不同领域、不同学科的人作为一个大组开展大项目,每个项目中都会有不同的课程设置,可能是工程设计、航空设计、电脑科学等,而且根据项目的不同有难易的差别。

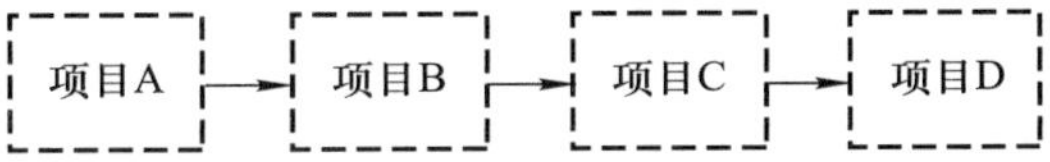

A	B	C	D
个人	小组	大组	多样小组
与科学有关的问题		市场问题	社会问题,其他学院
简单工具	计算工具		专业工具
个体技能	小组技能	人际技能	领导力
建立在个人能力上	建立在学科基础上	信息化学习	自我学习

图 3　NEET 项目理论上的进程示意图

同时,我们也希望学生能够开阔眼界,不能把眼光只局限在自己所学的专业上,而应该发散出去。学生在开展项目过程中可以通过实际操作掌握很多知识,如目前有哪些非常好用的工具、先进材料等,同时在这个过程中也更好地锻炼了个人的能力。这些项目有的是真实的活动,有的是遵循教育学原理精心设计的活动。

图 4 是用不同的图形来展示这种以项目为中心的教育方式。学生可以选择部门 I 的项目,然后项目 A 拿到第Ⅱ个部门去做,然后到第Ⅲ个部门,或者是项目 C 拿到另外一组去做。在其中任何一个部门里,都会有一个关于新机器的认证。我们可以利用所有现有的资源去构建这些不同的线,如化学、生物、航空等,有很多不同的学科、不同的机会组合,不仅是不同的学校之间可以开展,在学校不同部门之间也可以开展。作为学院不同部门的员工、教职人员必须都有自己的专业知

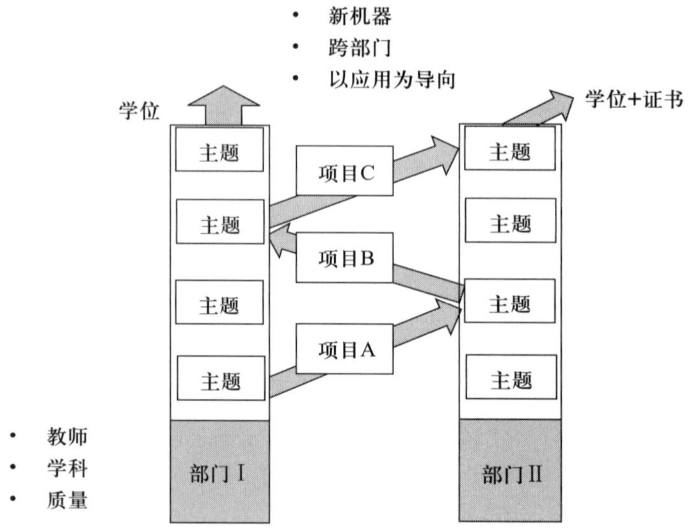

图 4　以项目为中心的教育形式

识，才能保证所有项目的质量。这其实是一种新的职能元素在整个项目当中贯穿始终。这些项目就像是一条条线，能够让学生去了解新的技术、材料或机器等，让他们在不同的部门、不同的学院之间开展合作，最终就像是把所有的线拧成了一股绳。

当然，在这样一个机制中，不一定只有两个部门、两个学院，可能是三个、四个部门或学院，甚至是更多，我个人就曾经负责过这样一个项目，包括来自不同部门、不同学院的学生，最后大家共同研发出一个自动化的机器人。这是一个机制，在这个机制中甚至可能会建立新的部门、新的院系。2017 年的秋季学习有两个试点项目，一个是自动化，一个是机器人。其中有材料制造，包括可持续性的材料和能源的问题也会纳入进来。还有一些生物医学的诊断与治疗等学习内容也会包括在内。还有一个物联网的项目，学生可以学习计算机科学、数据分析、智能城市、网络和系统等方面的知识。

入学第一年，学生的课程设置是统一的，所有 MIT 的学生都会学机械、化学、人文科学等课程，学生第一年并没有机会成为真正的工程师，这也是他们一直抱怨的。从第二年开始，学生们就可以进入不同的专业领域。但是第一年必须要学一些基础知识，大一的新生都是从零开始慢慢培养养成自主学习的习惯。

图 5 所示为 NEET 项目的更新过程。NEET 项目如果成功，不仅可以改变我们的教育方式，而且可以让这个体系持续不断地进行改进。在 MIT，我们和行业合作一起开展研究，一些合作研究课题会演化成具体的实践项目。我们也希望这些项目每几年都有一些变化，甚至比主题变化要更快一些、更先进一些。但类似

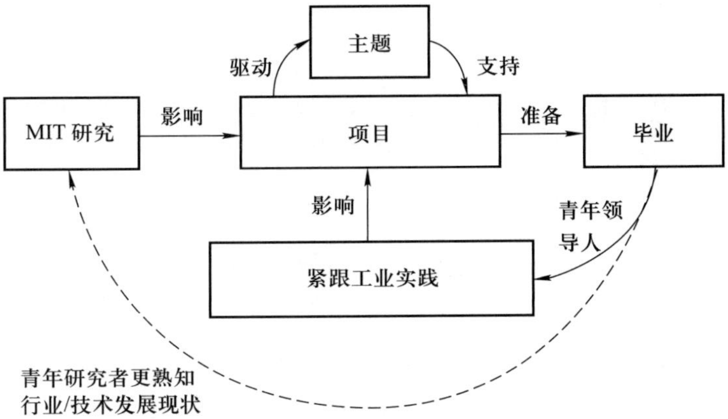

图5　NEET项目的更新过程

于物理科学等基础科学不一定会有变化，但是像机器的设计是变化很快的。所以，我们的主题必须进行更新，随着项目的进展不断更新、调整。

未来工程教育的全球视野

Hans J. Hoyer

国际工程教育学会联盟(IFEES)秘书长,全球工学院院长理事会(GEDC)执行秘书长

非常荣幸借此机会代表国际工程教育学会联盟(IFEES)、全球工学院院长理事会(GEDC)发言。部分在座的同仁过去也参与了这两个联盟的工作,所以我今天来到这里一方面是跟朋友相谈,一方面希望给大家更多的动力,我们共同学习。

IFEES是2006年成立的,目前有来自26个国家、涉及47个组织和8家公司的77名成员,包括很多女性工程师。IFEES每年都会举办世界工程教育论坛(World Engineering Education Forum,WEEF),已经有来自各大洲的近1万名代表参加了该论坛。我们希望在机构之间、个人之间达成合作伙伴关系,建立起彼此的信任,实现互利和共赢。而且这种联系不局限于专业上的联系,还有个人感情上的联系,这种联系是需要我们付出时间、精力和耐心的。我们拥有一些共同的价值观,这些价值观不仅给我很大的鼓舞,也给在座的诸位以及全球带来很大的鼓舞。

IFEES的一个目标是为全球成员提供资源。我们聚集在一起,希望找到一些合作发展的机会,并通过不断的对话,彼此进行学习。虽然大家不能经常见面,但我们可以通过电话、互联网进行联络。我们和清华大学已经建立了合作伙伴关系,并希望将这种关系更好、更深入地发展下去。

除了论坛,IFEES还会开展一些其他活动。例如通过在线会议、直播会议讨论一些关键问题,利用信息通信技术开展一些教育项目(如MOOC项目)。

IFEES开展了国际认可的工程教育教学资格认证,模块包括工程理论教育、工程实践教育、工程实验教学等。IFEES还建立了一个学生方面的全球联盟——SPEED(Student Platform for Engineering Education),目前这个项目也进展得非常成功。另外,IFEES有一个关于工程教育方面的奖项"IFEES邓肯·弗拉塞全球奖"(IFEES Duncan Fraser Global Award),对工程教育发展有创新和杰出贡献的人

都可以自荐或被推荐申请该奖项,并获得奖金。

我们不仅在地区,而且在各个国家层面以及全球层面上建立了合作团队。我们成立了全球工学院院长理事会(GEDC),其愿景是在经济全球化背景下,提升工学院院长的能力,促进学校的变革以更好地服务社会。我们希望能够将各个学校的校长、工程院的院长聚集在一起,建立联系,开展对话,分享彼此的经验,共同探讨有哪些机会找到一些创新的方式,促进能力建设以及教育变革。这是一个非常令人鼓舞的愿景。我们在过去四年是空客公司的密切合作伙伴,双方共同设立了“GEDC 空客多元化奖”(GEDC Airbus Diversity Award),我们希望看到越来越多的中国人获得该奖项。这个创意非常令人鼓舞。很多来自不同国家的人都参与了这个奖项,我们也与相关各方进行了很多合作,也将在全球工程教育质量标准方面进行探讨。我们非常期待继续这样的对话来探讨一些非常关键的议题。GEDC 目前有来自 41 个国家的 318 名成员。现在有一些中国的院长也加入了我们这个组织,我希望看到有越来越多的来自中国工学院的院长加入我们的组织,参与我们的活动,共同探讨工程教育的发展变革。

我花了很多时间去世界不同的地方,希望能获得人们的支持,将各地工程教育方面的人士缔结形成这样一个网络。中国也非常积极地加入了这个网络。我们成立了非洲工程委员会,在那里,我们所面临的环境是非常复杂的,但是人们充满了热情和激情,希望能破除非洲一些传统文化和历史的挑战,促进非洲工程教育的发展。

我们的一些关键合作伙伴包括道达尔、空客、美国国家仪器公司、瞻博网络、西门子等。我们需要进行企业、学界和政府三方的对话。但是在有些地方,这种对话是不足的。例如在非洲,学界、企业和政府之间缺乏对话就是我们面临的一个非常巨大的挑战。所以我们要和企业建立合作伙伴关系,其实是发挥着一个非常重要的作用。

曼德拉说过,“教育是改变世界强有力的工具”。我想大家都是认同这句话的。现在各个地区、各个国家在进行人才竞争、资本竞争。我们生活在一个相互连接的世界,需要促进各方面的联系。洛克希德·马丁公司(Lockheed Martin)高级副总裁和首席技术官 Ray Johnson 指出,未来的竞争取决于有技能的工程师和创新者。我对此深表赞同。

全球面临着人才方面的挑战(图 1),大学不仅要培养工程师,也要培养更多的人才。很多公司非常愿意在非洲开拓市场,但面临着劳动力和高技能人才缺乏等问题。

哈佛大学商学院教授 Clayton M. Christensen 指出,如果大学仍遵循传统的旧

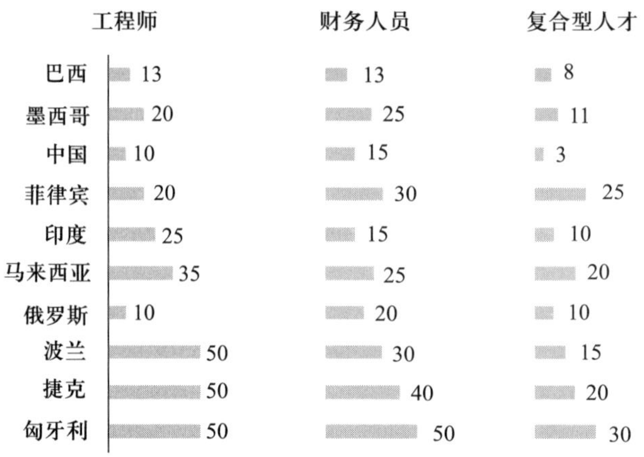

图 1　被认为适合雇用的候选人百分比

数据来源:麦肯锡全球研究院(这是通过对 83 位人力资源专业人员的访谈得出的)

惯例,那么其未来将令人担忧。因此,如果我们要服务社会,应对全球化经济的挑战,就必须使工科学生具有商业意识和社会意识等软技能,同时用认证程序来保障教育的质量。

工程教育中持续的质量改进和认证如何促进变革,以更好地为社会服务?认证是从公共利益角度出发对教育质量进行的保障,明确了相关各方的责任。其作用毋庸置疑,包括有利于课程和项目的迁移、学生的流动、程序差异的减少、增强雇主的信心等,还有助于大学创新文化的培育。

工程教育的改革发展面临着许多挑战,我们要突破这种障碍,要进行跨学科的学习,这是非常关键的。IFEES 和 GEDC 这些年来一直在和教育机构、行业企业进行合作,非常高兴与大家分享我们合作的成果,也非常希望能跟大家建立合作关系。

面向未来的非洲工程教育进展

Funso Falade

非洲工程教育学会主席，尼日利亚拉各斯大学工学院院长

首先，非常感谢中国政府、中国工程院、清华大学以及国际工程教育中心（ICEE）为非洲教育质量的提升而提供的持续帮助。

2009年，来自非洲不同地方的教育官员来到北京，参加了工程教育的一个会议。会议上，吴启迪副部长推出了帮助非洲提高工程教育质量的项目，很多与会代表都和非洲签署了备忘录，对非洲的工程教育提供相关的帮助和支持，清华大学是其中的一个签约方。2015年联合国教科文组织第38届成员大会上正式批准中国设立国际工程教育中心，之后，ICEE再次重申了对非洲工程教育发展的支持。

中国作为发展中国家的领头羊，现在已是世界上非常重要的一个经济大国，中国的发展路径、发展经验等可以被很多发展中国家所参考和借鉴，对于非洲尤是如此。特别是在高等教育质量提升、学科发展、学术研究以及创新创业等方面，都可以给非洲提供成功的案例。

中国作为一个有责任的大国，给予了非洲很大的支持和帮助，中非建立了很好的合作伙伴关系。双方一直秉承尊严、团结、关爱的原则，这是合作发展的基石。现在中国也在积极实施“一带一路”倡议，这使中非友好关系更上一个新台阶。

中国是工程教育的人才大国，工程教育发展成就显著，培养了大批工程科技人才。这其中有很多值得我们学习的地方。自ICEE成立以来，已经在中国举办了多期援非的工程教育培训班，这个成果是非常显著的。

我们获得了很多来自中国政府和ICEE的帮助，ICEE及其在线教育合作伙伴清华大学学堂在线帮助我们免费搭建了私有云慕课平台，促进了工程教育优质资源在非洲的开放共享，这对非洲工程教育的发展产生了积极的影响。目前这个平台运转得很顺利。我们非常感谢中国政府、中国工程院、清华大学，感谢各方对非洲工程教育的支持和帮助。我们也非常感谢吴启迪部长，她也在不断推出对非洲

的一些援助项目，这大大加强了中国和非洲的关系。非常感谢你们，我们将共同进步。

我演讲的第二部分主要是谈谈非洲工程教育面临的挑战。

非洲工程教育的发展面临着以下几方面的挑战。

（1）资金投入不足。资金不足是我们面临的一个主要挑战，所有问题根源都来自于资金不足、投入不足。在大多数非洲国家，联邦和州立大学归政府所有，并依靠政府资助，但这个资金是远远不够的。私立大学是通过向学生收取学费来获得运营资金的，但学费非常高，因此学生不是特别多，而公立学校则人满为患。

（2）师资短缺。在尼日利亚，教师和学生的比例为 1∶15，但由于教师短缺，很少能达到这一比例要求。所以一般来说，任课教师的负担都很重。教师的教学方法也不是特别积极主动，上课就是照本宣科，学生没有很好地学习到所需的知识。

（3）教学相关的硬件设施不能满足需求。学生要想获得实际的操作经验，必须要边学边做，使用机器设备等，但是这种教学设施往往是不足的。教室和实验室也不能满足需要，学校没有足够的空间接纳这么多的学生。而且很多学生也没有足够的钱来支付其学费。学校课程非常偏重理论学习，学生接触不到实际问题。由于各个方面的资源不足，学生无法到企业、到行业中进行实践学习，导致实际操作能力缺失。加之行业在不断衰落，因此没有足够的机会提供给学生，让学生们可以在行业当中边做边学，企业没有办法提供这种必要的培训给学生，所以学生只能在课堂中学习。

（4）产学合作关系薄弱。联合国教科文组织也提到了要加强校企之间的合作，但是在非洲并没有办法做到这一点。行业领导者不参与工程课程的开发，行业需求无法与课程有效结合，所以学生在学校学的东西其实是没办法满足市场需求的。这是我们的现状。

为缓解非洲工程教育所面临的挑战，我们需要给大学提供更多的资源和资金，使他们有能力配备所需要的设备和其他东西。我们也需要更多的师资，采用积极的教学方法，课程改革应考虑到行业所需的专业技术人才的能力素质要求，还要快速提升大学与产业之间的协同效应。在解决工程教育所面临的巨大挑战时，应把资金重点用于创新创业以及提高所有工程学科的标准等环节。我相信通过开展合作，通过行业和学界的努力，我们能够改善现状。

工程教育要应对全球的挑战。在非洲，此类挑战主要存在于能源、交通、水安全、食品安全、住房、健康、可持续性发展、全球化等方面。我认为这些领域应该是未来的努力方向，将会有助于非洲的发展。我们将会继续努力以实现非洲工程教育发展的目标。

全球工程能力建设

Yashin Brijmohan

世界工程组织联合会(WFEO)副主席、工程能力建设委员会主席

衷心感谢主办方能够热情地邀请我们、欢迎我们,我深切地感受到了你们的热情好客,我也非常高兴能参加今天的论坛并发言。

我们先来了解一下作为工程领域的参与者或者是实践者应该具备什么素质或能力。首先要学一些基础的知识,因为工程师需要具备一个很强大的学科基础,包括数学、科学和语言的能力,这是三大基础。其次,还要有对人类的热爱、对自然环境的热爱、对人性的追求等。如果没有这些价值观,就无从谈工程,工程也会失去了它应有的意义。作为一名合格的工程师,我们并不能仅仅从技术层面考虑去解决问题,而必须要从整个社会的层面上来统筹考虑。这就对工程实践者们提出了新的和更高的要求。如果我们不具备面向未来的能力,不能知道市场有哪些需求,就不能够了解和理解我们在打造未来工程能力时应该做些什么。而且工程教育并不能止于高等教育,在高等教育结束之后依然要持续下去,变成一种终身学习。我相信这也是 ICEE 在工作当中会重点关注的问题。我也了解 ICEE 的发展目标,但是持续学习一定是其中很重要的部分,不仅是在校园中学,在工作岗位上也要学。

工程教育的重点组成部分之一就是工程能力建设项目。在世界工程组织联合会(WFEO)的网站上,很多都是关于工程能力建设的项目。在这里为大家简单介绍一下 WFEO。WFEO 有不同的委员会,包括工程与环境、教育、信息和沟通、灾难风险管理、工程能力建设、能源、创新技术等。我觉得我们能够形成合力,可以有更多的机会来影响决策者,同时也会有更多的合作平台,能够在公众服务、政策制定方面发挥自己的作用。

有研究结果表明,受过教育和专业娴熟的工程科技人员与经济社会发展之间存在着密切的关系。也就是说,如果我们去充分开发使用这些专业人才,他们的行为会直接转化成经济和社会效益。WFEO 工程能力建设委员会的一个重点工

作就是要建立发达国家和发展中国家的关系。同时,WFEO 也发布了关于工程能力建设的一些指南,有不同的语言版本,还有全世界工程领域的倡议和项目,这些内容都可以在 WFEO 的官网上看到。

在工程能力建设方面,我们会发现,市场上专业人才的过剩和短缺现象并存。在某些领域人才供不应求,而在另外一些领域人才又远远过剩。所以在政策或者是策略层面,我们需要进行更好的规划,要明确哪些人才短缺、哪些人才过剩,才能培养出满足市场需求的工程师。

在这个大环境下,前进的过程中我们需要互相支持,作为同仁需要取长补短,任何人不可能独善其身。所以我们要加入国际联盟和国际协议,如在工程教育领域有《华盛顿协议》《悉尼协议》《都柏林协议》等。现在中国已经加入了华盛顿协议,是非常值得庆贺的事情。还有 4 个关于能力认可和流动性的协议:《国际专业工程师协议》《亚太经济合作协议》《国际工程技术人员协议》《国际专业技师协议》。这些协议都有利于提高和确认工程技术人才的专业能力,增强其职业发展的流动性。

从推动学习效果方面来看,现在的教学方法已经发生了很大的变化。由于现代科技的快速发展,技术在教育领域中已经成为很重要的一部分,给我们带来了极大的便利,也改变了我们的学习方式以及其他很多方式,如教与学之间的互动、教师和学生之间的互动等。

阿波罗咨询集团首席执行官 Brent Peterson 博士做的一项研究表明,预习和复习活动对于学习效果的贡献率分别为 26%和 50%,只有 24%的价值是课程学习或课堂教学活动本身产生的(图 1)。所以,我们可以通过设计来提高学生的学习效果。然而,更多的现实情况却是我们忽略了前、后两个关键因素,使训练和学习的有效性大大降低。学校必须正视这一问题。如果继续采用这种方式,我们就不能够改进整体的学习效果。

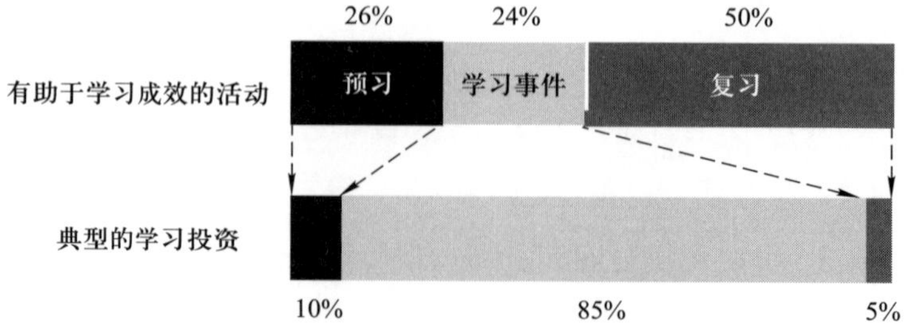

图 1　关于学习投资的价值论证

在与发展中国家的合作方面,再次以非洲为例。现在关于非洲有很多倡议,包括非盟也提出了很多的倡议，我们也召开了一些教育部长会议。例如撒哈拉以南的非洲地区要实现清洁饮用水和公共卫生的联合国千年发展目标，就至少需要250万工程师和技术人员。但在这个地区，大约7 000人中才会产生一名工程师，而这个比例在英国是1/311、在巴西是1/227。非洲拥有世界上最年轻的人口比例，有丰富的自然资源和矿产资源，社会和物质基础设施建设方面最有发展空间，被认为是未来100年发展最快的地区。非洲是世界上夜间最黑暗的国家，这是其基础设施发展滞后的一个标志。所以，我们可以看到在非洲有很多的发展机会。

我们提出了一些与ICEE合作的建议，例如要和发展中国家建立密切的合作，也可以选择一些成熟的机构展开合作。

中国是一个非常有智慧的民族，中国有很多伟大的哲学家，其中两位哲学家——孔子和老子奠定了中国价值观的基础。我们今天所面临的很多问题，都可以归结为道德的问题。关于道德的价值观，在技术发展中应该以人为本，还是反之？道德是非常重要的，我们要平衡道德和技术发展的关系。今天的技术其实是一个半控制的体系，如果它要在某种方式中永续发展，就应该遵循一种规则。我们应该合理地将人类价值观融入技术发展中。

最后引用一句非洲的谚语来结束我的发言——“一个人会走得快，但一群人会走得远”。

联合国教科文组织工程项目:为实现可持续发展目标而推动工程发展

Rovani Sigamoney

联合国教科文组织自然科学部门项目专家

今天我向大家介绍一下联合国教科文组织(UNESCO)为实现可持续发展目标而实施的工程项目。首先介绍一下UNESCO和工程,然后介绍联合国千年发展目标以及所取得的成就,接着谈一下可持续发展目标,最后做一个总结。

联合国教科文组织成立于1945年,致力于通过建立图书馆和博物馆馆藏来重建受战争摧残国家的教育设施。主要职能包括:

- 开展动员教育:使每一个儿童、男孩或女孩都能接受素质教育,这是一项基本人权,是人类发展的先决条件。
- 建立跨文化理解:通过保护遗产和支持文化多样性。UNESCO创造了世界遗产的概念,以保护具有突出普遍价值的遗址。
- 寻求科学合作:如海啸预警系统或跨界水管理协定,以加强国家和社会之间的联系;致力于课程的开发以及科学、工程教育的发展。
- 保障言论自由:这是民主、进步和人的尊严必不可少的条件。

UNESCO其实是采用一种整体的措施和方式来解决人类所面临的经济、社会和环境的可持续发展问题,把工程科学政策、国际科学合作与社会联系起来,确保公众对科学的理解。UNESCO有195个正式成员国和8个准成员,这是一个非常大的网络。UNESCO在全球有50个办事处,总部设在法国巴黎。

在UNESCO负责工程的部门是科技部门,但工程需要跨部门的合作,融合了UNESCO不同部门的努力。尤其是在发展中国家,我们希望能够实现可持续发展目标,这是我们全球的工作重点。我们的工作有两个重点:一个是非洲,一个是性别平等。我们也希望能够促进可持续发展以及实现减贫。

联合国千年发展目标(Millennium Development Goals,MDGs)是在2000年由189个国家签署通过的,旨在减少全球的极端贫困和饥饿。界定贫困人口的标准是每天生活费用低于1美元,我们的目标是在2015年要让大约12亿人口脱离贫困。自2000年通过MDGs以来,已经取得了巨大的进展,但还需要做更多的工作。

MDGs为解决贫困提供了强有力的框架,并促进了国家、区域和全球努力来共同推动人类的发展。《2015年联合国千年发展目标报告》中指出,“千年发展目标证明,设定目标可使数百万人脱贫,增强妇女和女童的权能,改善健康和福祉,为过上更好的生活提供大量新的机会。”全世界在多个千年发展目标方面取得了显著成绩。自2000年以来,5亿人脱离了极端贫困;基础教育普及率在发展中国家达到了91%;性别平等方面也有了很大的进展;1990年来五岁以下儿童的死亡率降低了一半,产妇死亡率降低了45%;在防治艾滋病等医疗领域,人类取得了显著的进展,2000—2013年,艾滋病发病率降低了40%,遏止了3.7亿例肺结核病例的死亡;1990年来,26亿人喝到了更清洁的饮用水;在资金援助方面,仅2014年就高达1 352亿美元。

我们为什么要制定可持续发展目标(Sustainable Development Goals,SDGs)呢?首先,MDGs并没有完全实现,还有11亿人没有用上电,有24亿人缺乏基本的卫生条件,有6亿多人缺乏清洁的水,有1.5亿五岁以下的儿童由于营养不良没有存活下来或者在成长的过程中营养不良。因此,我们需要制定可持续发展目标。2015年9月25日,193个联合国成员国通过了《2030年可持续发展议程》,此纲领性文件将推动世界在今后15年内实现几个史无前例的非凡创举,例如消除而不是减少极端贫穷,在健康、教育和性别平等等方面满足人们更大的需求。这些目标是普遍的,适用于所有国家和所有人。议程里还包括MDGs中没有提到的问题,如气候变化、可持续消费、创新、和平与正义等。

《2030年可持续发展议程》中有17个可持续发展目标。我们来共同了解一下工程和这17个目标有怎样的联系。

目标1:在世界各地消除一切形式的贫穷。目标2:消除饥饿,实现粮食安全,改善营养和促进可持续农业。目标3:让不同年龄段的所有的人过上健康的生活,促进他们的安康。我们可以看到,工程创新技术和终结贫困、农业、医疗、安全卫生体系等目标的实现都是密切相关的。说到数字技术,约占非洲人口75%的人有手机,人们可以通过手机进行网上银行业务,还可以进行网上学习,所以有很多信息技术可以使用,而工程师在其中扮演着非常重要的角色。

目标6:为所有人提供卫生的水和环境,并对其进行可持续管理。这是一项艰巨的任务,有23亿人(约占全球人口1/3)目前还没有一个像样的厕所可使用,6.5亿人目前还饮用不到安全、干净的水,31万小于五岁的儿童由于饮用了不干净的水或卫生条件差而死亡。我们需要一些工程方案来解决所有这些问题,当然也需要基础设施。目标7:每个人都能获得价廉、可靠和可持续的现代化能源。我们需要对可再生能源进行更多的研发,需要政府和私营部门的投资用于可再生能源的发展。要让生活在农村的人能够用得上、用得起能源,我们也需要告诉当地人如何使用这些新技术和新能源。有一个非常有趣的项目,叫作“赤脚大学项目”,通过这个项目可以进行知识和技术的转移。在非洲部分地区,我们告诉当地人如何使用能源,掌握修理家电等技能,这就给他们很大的赋权,能够让他们掌握更多的知识和技能。他们又把这些知识和技能传授给他们的后代。也就是说,我们教授的这些知识和技能能够进行传递与扩散。

目标8:促进持久、包容性和可持续经济增长,促进充分的生产性就业,促进人人有体面工作。目标9:建造有抵御灾害能力的基础设施、促进具有包容性的可持续工业化,推动创新。目标10:减少国家内部和国家之间的不平等。可持续性需要我们要改变以往的消费和生产方式,要把超出地球承载力的全球生产和消费水平每年降低50%。工业方面,随着技术巨大的、快速的变化,人们需要更好的生活和工作,所以自动化实现的速度越来越快。还有大家非常关注的大数据,工程也已经参与其中。联合国需要使用大数据技术来收集所需信息,来提升当地人们的生活水平。还有职业教育,我们需要对于非正式部门的人员进行知识培训,需要给人们赋权,有些地方的人没有机会上学和上大学,他们可以通过职业教育来获得知识和技能,联合国也有一些类似的项目。

目标11:建设包容、安全、有抵御灾害能力的可持续城市和人类住区。目标12:采用可持续的消费和生产模式。目标13:采取紧急行动应对气候变化及其影响。目标15:保护、恢复和促进可持续利用陆地生态系统,可持续地管理森林,防治荒漠化,制止和扭转土地退化,阻止生物多样性的丧失。我们要采取行动大幅削减二氧化碳的排放,把全球温度上升控制在2 ℃以内,还需要减少和减轻灾害风险,在城市运作中要注意提高生态效能,如果城市的设计比较智能,可以减少80%的碳排放量。到2050年,发展中国家2/3的基础设施还没有完成,所以说工科学生有着非常好的职业发展前景,因为建设基础设施的人员需求是非常大的。在工程教育中,我们需要考虑采用新的解决方案来保护生物的多样性和生态系统的再生。

对于可持续发展目标14、16、17,我们要保护海洋生物,减少塑料对海洋和生物的伤害,采用新的捕鱼方式、捕鱼技术等都必须考虑海洋的健康发展,还需要有更强有力的、有影响力的组织来打造一个和平的环境。在这个过程中教育是关键,合作也很重要,只有这样我们才能利用创新性的科技实施更好的解决方案。

以上目标在不同的地区和层次上可视具体情况划分轻重缓急。例如第 5 个目标要实现性别平等和所有的女性、女童拥有更多的权利。在女性研究者方面，根据 2015 年年底 UNESCO 发布的科学报告，拥有学士学位和硕士学位的女性只占 53%，拥有博士学位的占 43%，但是真正从事研究的女性仅占 28%。地区之间存在很大的差异，东、南欧的女性研究者与男性数量相当，亚洲中部、拉美、加勒比海沿岸地区女性研究者约占研究人员总数的 44%。在欧盟国家，研究者中有 1/3 是女性，在阿拉伯国家这个比例为 37%，在撒哈拉以南的非洲地区为 30%，在南亚仅为 17%。在生命科学领域，女性毕业生比例刚刚超过 50%。在北美和欧洲大部分地区，物理、数学和计算机科学专业毕业的女性人数很少，但在其他地区，这些专业毕业的女性人数却接近平均水平。总体来看，不同国家在工程领域的女性数量还是非常少的。欧洲和北美地区普遍较低，如加拿大、德国和美国基本上低于 19%，芬兰是 22%。但也有一些亮点：在塞浦路斯，50% 的工程专业毕业生是女性，丹麦是 38%。在撒哈拉以南非洲、阿拉伯国家和亚洲部分地区，工科专业的女性毕业生比例有所上升，如越南是 31%、马来西亚是 39%、文莱是 42%。在 7 个阿拉伯国家的数据报告中，有 4 个国家实现了稳定的比例或有所增长，其中阿拉伯联合酋长国和巴勒斯坦（31%）、阿尔及利亚（31%），令人吃惊的是阿曼达到了 53%。

可持续发展目标 4：提供包容和公平的优质教育，让全民终身享有学习机会。在这个目标中，我们要保证包容性的教育能够让人们享有终身的学习机会，到 2020 年我们要让发展中国家开展更多的学术研究项目，尤其是在高等教育中，工程类和科学类的项目应该更多。也就是说，工程教育在这个目标中是一个核心部分，而且很多教学方式也可以让学生为推动可持续发展目标的实现提供一些比较积极和创造性的解决方案。我们有国际工程教育中心（ICEE）、国际工程科技知识中心（IKCEST）、奥尔堡中心等教科文组织的二级机构，所有这些组织和相关部门都可以在知识传播和工程教育全球化发展中发挥非常重要的作用。

所有社会都在寻求新的活力源泉、更多的资源来消除贫困，真正打造一个可持续的、持久的和平发展环境。在这个过程中，工程科学技术发挥着重要的作用。UNESCO 是 1945 年在伦敦土木工程学院成立的，在此之后世界已经发生了翻天覆地的变化，但是对于工程科学技术的需求与日俱增。鉴于当今全球挑战的复杂性，如资源的持续消耗、气候变化等，因此，未来工程师的教育和培训对于创新性地解决这些挑战、改善人类的生活质量是非常重要的。

可持续性:工程能力建设面临的挑战

龚 克

世界工程组织联合会候任主席①

今天我与大家讨论的主题是“可持续性:工程能力建设面临的挑战”。

2015 年 9 月 25 日,在联合国大会上,193 个成员正式通过了 17 个可持续发展目标。可持续发展是人类的共同目标,这不仅是技术层面的目标,而且是多元的目标,包括经济、社会和环境三个维度,还有不同的层次。其中,第四个目标是“确保每个人享有包容、公平的优质教育的权利,促进全民享有终身学习的机会”。具体一些说,就是到 2030 年,要确保所有的学习者能够掌握为推动可持续发展所需要的能力、知识和文化,包括可持续发展的教育、可持续的生活方式、人权和性别的平等、推动和平和非暴力文化的发展、全球公民身份和文化多样性等。

那么,我们现在的工程教育或者是工程能力建设是否能满足可持续发展的目标呢?首先,对于传统工程师来说,他们基本上是单一的学科背景。例如电信工程师,按照传统的培养方式,假设他们主要工作在电信领域,要去解决电信方面的技术问题,技术之外当然还要考虑经济的可行性,在这样的“目标”下确定工程师所需的知识和能力。其次,传统工程师只能掌握很有限的数据量,而且是以“线下”(即不联网)的方式进行工作,往往不需要太多的通信与信息处理能力。再次,传统工程师所了解和运用的是传统能源或材料。但是,对于现在或未来的工程师而言,他们的工作环境发生了极大的变化,他们需要了解过去不曾了解的新能源和新材料,他们需要处理大量的数据并善于利用“大数据”,他们要在网络条件下工作。同时,他们在工作中不仅仅要考虑技术和经济因素,还要考虑对环境和社会可能产生的影响。

总之,随着社会的发展,特别是可持续发展时代的到来,现在的工程已经发生了很大的变化。如果仍采用传统的方法,自然资源一定会慢慢地枯竭。未来,要

① 编者注:龚克出席“2017 国际工程教育论坛”时任世界工程组织联合会(WFEO)副主席,2017 年 12 月 5 日当选为 WFEO 候任主席,并将于 2019 年 12 月正式履行主席职责。

实现可持续发展的目标,我们的工程就应该建立在新的文明之上。这个新的文明将超越传统工程教育赖以建立的工业文明。中国提出了一个概念叫"生态文明",就是说人类不能把自然资源使用到枯竭,这不符合人类的根本利益。这个概念很快就在联合国和很多文件中获得了重视。我们需要适应自然,尊重自然,与大自然共存,因为地球是我们生存的唯一家园。

可持续发展对工程师的道德和行为提出了更高的要求。对工程师来讲,不应该仅仅只关注技术,还应该关注人、关注生态环境,要体现可持续发展的要求。例如 2016 年 AlphaGo 战胜韩国棋手李世石,意味着人工智能已经取得了重大突破。但是我们要考虑一下能耗,要对机器人的能耗和人类的能耗进行比较,以及他们的碳排放量。我们要考虑可持续发展对人类活动特别是工程活动到底意味着什么。不能仅以单纯技术观点来对待现在世人瞩目的人工智能,应把人工智能纳入可持续发展的大框架下。世界工程组织联合会(WFEO)2013 年发布了关于可持续发展和环境保护的行为规范,其中规定和详述了 WFEO 面向全球、着眼大局和立足当地的宗旨。我们要进一步加强人们对环境的重视,提高环保意识,同时也让人们认识到可持续发展的重要性、紧迫性以及与我们工作生活的紧密相关性。规范中也提到,要实施这些可持续发展的成果,越早越好。同时,我们除了要有环保意识,还必须采用体现可持续发展和环境保护要求的工程标准。这是新时代对工程师的道德和社会责任的要求。

可持续发展对工程师的可持续发展意识提出了更高的要求。作为工程师,不仅要对技术性能和规范负责,还要对人类社会的可持续发展负责。比如说数据中心的设计,这其实是一个很大的工程,全世界数据中心的设计规模都很大。数据中心的设计不仅要满足数据量、访问速度、温度控制、操作舒适性、维护可行性和经济成本等方面的要求,更重要的还要考虑能耗和碳排放。因为数据中心的能源消耗是非常高的,以 2012 年为例,那年世界上几个大的数据中心的总耗能比全球民用航空的能源消耗还要高,这简直令人难以置信。所以这也是一个社会责任的问题,我们要减少能源消耗以及碳排放,必须把可持续发展的意识贯穿于工程教育之中。

可持续发展对工程师关注和理解社会问题提出了更高的要求。这就意味着工程教育不仅要帮助工程师了解技术,而且要了解社会。工程师们应该关心和理解环境发展与环境可持续性规划,充分考虑工程活动对环境的影响,并采用和实施有效的、可持续的解决方案;工程师们应接纳全球、本地的价值观,这些价值观对他们的工作是非常重要的,包括理解当地人们关切的相关问题。要理解当地人民对环境影响相关的考虑,善于学习和运用当地在历史上形成的特殊而有效的知识及做法,尊重和保护当地的文化等。

可持续发展对工程师的学习能力提出了更高的要求。工程师应该有更强的学习能力来促进可持续发展,还应该掌握新的科学发展理论。工程师们应该了解新的技术发明,并掌握一些法律知识。WFEO 的行为规范要求,工程师在工程设计和实施中要避免产生不可逆转的环境破坏,要尽量把对环境的影响降到最低。此外,减少各种不确定性,这也是对工程师提出的一个非常高的要求。

可持续发展对工程师的合作能力提出了更高的要求。我们现在生活在一个相互联系的世界中。只凭一个人的知识没办法解决目前所面临的问题,因此需要和其他行业、其他领域的人进行合作,运用其他人、其他领域的知识来共同解决一些复杂的、可持续发展的问题。

可持续发展对工程师使用信息通信技术的能力提出了更高的要求。在今天,互联网能够将所有东西联系在一起。很多人都有了移动设备,移动互联网将所有的移动设备连接在一起,物联网把万物连在了一起,等等。我们应该充分利用互联网和大数据、人工智能等技术。信息通信技术对于所有的工程师来说都是非常重要的,这是一种新的要求。

可持续发展对工程师的创新能力也提出了更高的要求。工程师只掌握理论和现有技术是不够的,工程师应不断创新,要考虑环境、社会、经济等因素进行综合创新,用创新保护生态环境。

面对以上挑战和更高的要求,如何能够促进工程师的可持续发展能力提升呢? 首先,要建立全球工程可持续发展能力框架。我们需要一些新方法、新方式和新框架。现有的能力框架已经不能够满足可持续发展的要求了。其次,要构建一个可持续发展的评估框架,建立全球的协作网络,促进工程可持续性发展,尤其是要和非洲进行更多的合作。

最后,我想谈一下对第二份联合国教科文组织工程报告的期望。首先,报告应该能够反映可持续发展的目标、反映工程师的能力建设内容。因为这份报告是在联合国《2030 年可持续发展议程》之后编写的,所以它应该反映其中的内容。其次,报告中应对工程师的能力建设进行多维度的评估,对于工程能力的发展有更深入的认识,而不仅仅是停留在工科学生等数据的收集上。再次,应建立全球工程能力发展共享数据库,对工程能力建设的全球数据进行分享,尤其是发展中国家以及性别平等方面的数据。最后,应促进工程教育和可持续发展能力建设的相关研究,同时促进工程能力建设的国际伙伴关系的建立。

基于脑科学培养创造力

小泉英明

日本工程院常务副院长，中国工程院外籍院士

我非常高兴也很荣幸能够有这个机会来参加本次论坛。今天我要与大家分享的是基于脑科学培养创造力。

科学、工程和技术的重要性不言而喻，我们通过这三者可以了解自然、了解整个世界。更重要的是，如果我们非常深入地了解了自然、了解了世界，会发现它们与我们的伦理道德是息息相关的。所以在工程领域中，我们必须遵循其中的大道。

我们都知道居里夫人，她是一位伟大的科学家。她的丈夫皮埃尔·居里是一位科学家，同时也是一位工程师。皮埃尔·居里是一位天才级的科学家，他的成长经历反映了工程教育中的核心问题。我认为工程教育的核心应该包括强烈的情感、激情，还有道德。在道德方面，居里夫妇已经提到过关于科技应用的道德。居里夫妇在接受诺贝尔奖颁奖的致辞中指出，“科学和技术是中立的，因此，不管它们是好是坏，完全取决于人类。”这一点特别重要，它恰恰反映了工程教育的核心价值观。

这样的理念在政府、企业得到的重视程度是不一样的。作为企业来讲，他们真正希望能够得到创新。索尼公司有一个学前教育计划（Sony Preschool Education Program for Children），该计划旨在培养孩子们拥有一个科学的头脑，从小培养他们的创造力和对科学的敏感性。我曾经在那儿工作了十多年，也参与了很多关于幼儿园、小学阶段的项目。该计划是由索尼教育基金支持的，我应邀成为该计划委员会的主席。在计划实施过程中，我们和一些知名的科学家进行合作，出版了一本书，叫作《科学之心》，主要是说科学要从娃娃抓起。这本书里推出了一些科学项目，比如说一个两三岁的孩子在公园里数坚果，他不断地重复，思考如何把这些果子进行排列，同时他也在不断观察。不仅是坚果，也可以选择其他任何东西来观察。这是通过大自然来进行观察、进行学习。我们也一直在收集

这样一些实例。

大概是十年前，我们提出一个概念，就是“科学的大脑”。什么样的大脑才是一个科学的大脑呢？科学的大脑是一个敏感的大脑，能够对大自然保持很好的好奇心；科学的大脑是一个开放的大脑，能够接受真相，不会试图歪曲事实；科学的大脑是一个诚实的大脑，不带有偏见；科学的大脑应该理解所有大自然的生命都是有价值的；科学的大脑能接受和尊重多样性，并且能为他人着想。我们与很多诺贝尔奖获得者进行讨论，他们提到关键的一点，首先是老师们应该学习科学，从而指导学生在玩中进行学习，特别是在大自然当中进行学习科学的基础就是大自然，仔细观察大自然是非常重要的。所有这些都是工程的基础，因此孩子从小就应进行这方面的教育和培养，我们应该开展一系列的活动。我与很多来自幼儿园和其他学校的老师们探讨过到底科学是什么，其中有很多老师对科学和工程非常感兴趣。我们如何培养孩子们的创造力和对大自然的敏感性呢？图 1 展示了培育“科学头脑”的机制。其实有很多机会可以提高孩子们这方面的能力。

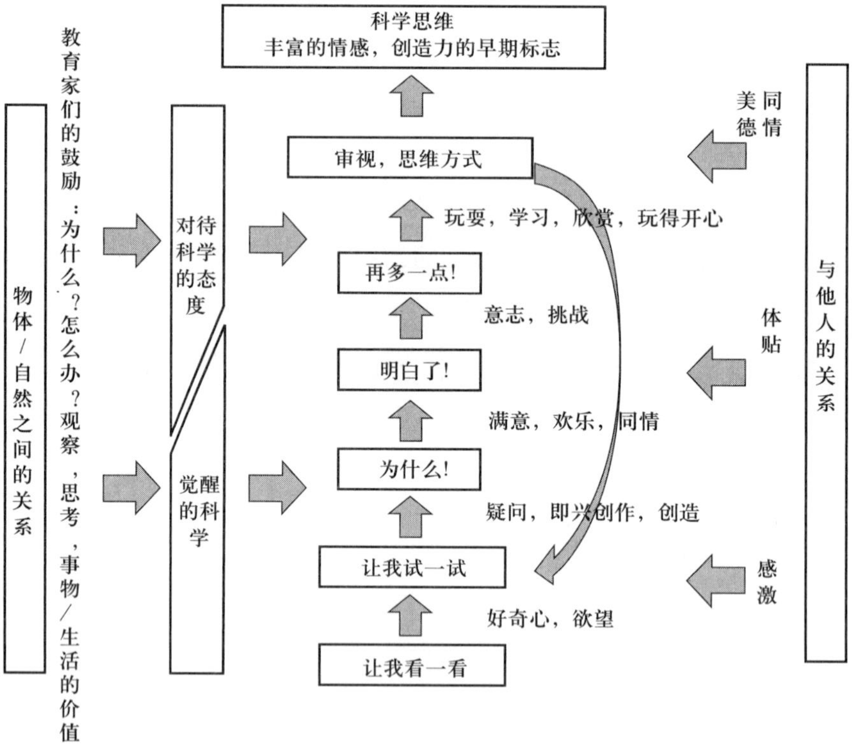

图 1　培育“科学头脑”的机制

要培养孩子们心地善良，富有同情心、想象力，要有尝试的勇气，还要具备观察能力。大脑中间有一部分是控制人的知识和情感的，我们的教育尤其是高等教育只是在培养知识和技能，忽视了这种情感的培养，但情感又是非常重要的。如果我们只是在学习，没有任何的情感，没有同情心，就不能很好地利用所掌握的知识和技能去造福社会。

我曾经设计和实施了一个实验：观察一个出生 5 天的婴儿的大脑活动情况，观察他对不同语言和声音的反应。我们通过脑电波可以看到，一个出生 5 天的婴儿在听到母语时大脑就能做出反应。这是一个非常重要的事情。人类出生以后，神经突触在遗传基因的作用下会大量、过剩地生长，但是之后只有那些受到外界环境信息刺激的突触存留了下来，未受刺激的突触则会被视为对适应环境没有意义而渐渐萎缩。还有很多相关的具体理论，在这里我就不展开了，关于人类大脑的早期发育有很多研究和成果。这也是为什么我们非常关注学前教育的原因。当然高等教育我们也非常重视，特别是道德伦理教育这方面。

非常感谢大家的聆听。谢谢！

工程师培养中的政治议题:这是有效能力建设的必要条件吗

Brian Figaji

联合国教科文组织前执行局委员,南非工程院院士

今天我非常荣幸能与大家就这个重要并充满挑战的话题分享一些可能有争议的想法。

在人们如何看待科学与工程产生的深远影响上,约翰·肯尼迪总统曾经发表过两次重要讲话。他宣布美国将把人类送上月球,这让人们对科学与工程燃起莫大的热情与期盼。这个空间计划资金充裕,它创造了很多就业机会,促进了创新,催生了许多发明,并且激发了年轻人选择工程作为职业发展方向的全新兴趣。肯尼迪总统还指出,不是有了财富才去修路,而是修路能够带来财富。这些都说明肯尼迪总统虽然不是工程师出身,但却能够真正认识并重视工程在社会经济发展中的重要作用。

工程能力建设就像可持续发展一样,需要技术能力,同时还需要政治意愿,缺了哪一方面都不会产生最佳结果。

以南非的案例加以说明。在 1994 年实行民主政治之前,南非是四分五裂的,约有 4 000 万人口住在属于黑人自治的地区,而另外 700 万人口住在南非资源最好的地区。在 1994 年之前,南非政府主要服务于这 700 万居民。国家针对工程师的能力建设制定了系统的计划。在 1977 年,有 385 名几乎全是白人的土木工程专业毕业生参与了国家基础设施的建设,在工作中接受了非常好的培训,使他们在毕业后短短几年内就获得了注册工程师的专业资质。有了国家制度的支持,加之政策规定取得专业资质才可以晋升,因此,公共部门中大约 50% 的工程师都是注册工程师,这是一个非常了不起的成就。这项制度促进了土木工程师队伍的发展,南非每 10 万人口中就有 21 名土木工程师,这一比例完全可以和当时斯堪的纳维亚国家每 10 万人口拥有 22 名土木工程师的比例相媲美。那个时期,南非各个城市的工程部门都实力雄厚、资金充足,并配备经验丰富、拥有相关资质、能

力较强的工程师队伍实施各项工程。这项宝贵的遗产对路网、港口和基础设施建设影响至今。然而，在黑人自治的地区，却没有开展多少相关工作。

1994 年民选政府开始施政，“旧南非”与黑人自治地区之间的人为障碍消失了，国家实现了统一，国家颁布了一项新制度要求向所有公民提供服务，也就是 4 700 万人，而不是之前的 700 万人。2000 年南非政府对臃肿的官僚机构进行了精简，把原来的 843 个地方政府缩减为 284 个。

在 1994 年之前，市长这个职位在很大程度上只是具有礼仪性，由当地人直接选出的人员担任，所任职的官员不受任何党派关系限制。自 2000 年以来，市长成为真正的管理职位，要对其所在政党负责，而不是直接对当地选民负责。因此，官员的职位也开始由与政党相关的个人担任，他们不一定要具备相关技术资格才能担任该职位。行政管理要求依法行事，形成了官僚层级和体系，并设立了配套部门，例如负责人事任命的人力资源部门和负责采购的财政部门。政治家们接管了市政当局的技术部门，但由于缺乏技术、知识，同时责任感也不强，以致妨碍了相关服务的实施。

相关流行的理论认为，任何管理者都能管理任何事务，并不一定需要具备相关背景的技术知识。该理论对解决平等就业问题产生了积极影响。而新的政务会委员中很少有人具备专业技术资格，因此他们不了解政府所提供的服务需要拥有哪些技术能力的人才能胜任。因此，正是由于这些缺乏经验的政客、只是满足政党要求的政务会委员、出于平等就业的考虑以及任何管理者都能进行管理的观念，南非的工程能力大大降低。

2005—2015 年间，南非各级政府雇用的注册土木工程师数量下降了 34%，284 个地方政府中只有 56 个雇用了注册土木工程师。基础设施的维护是需要工程人员的，在这种情况下基础设施的维护在很大程度上就被忽略了。即使财力充足，一些新项目也因为缺乏工程技术能力而无法实施。这种状况促使南非出台了三项独立的、旨在促进地方政府技术能力建设的举措，即 ENERGYS 计划、Siyenza Manje 青年专业人才计划、国库计划。其中，国库计划是目前唯一还在实施的举措。政府为该计划提供资金支持，使其能够雇用刚毕业的工科毕业生和专业导师，这是系统性培训计划的一部分，旨在培养下一代工程专业人员。培训内容包括让现有的雇员通过专业注册认证。导师们发现，许多高级技术人员从未接受过有经验的专业人员的指导，因此，虽然他们可以按照规则履行基本职能，但却不能进行必要的规划，缺乏创新精神，也不能做好资源分配管理工作。这再次表明，之所以出现这种情况，是没有认识到工程师的丰富专业知识是其工作活动不可分割的组成部分。导师们的批评意见大概涉及三个方面，包括政府对学术界的支持力度不够、在政界很少有人意识到工程对发展的重要作用、所提供的人员和培训都是不合适的。

我列举这一系列的事件是为了说明,作为工程师,我们经过培训要成为解决问题的人。因此,在为可持续发展而进行工程能力建设时,我们就需要着眼于如何吸引更多的年轻人加入这个职业,以及如何提高工科学习者的毕业率。肯尼迪总统通过启动太空计划做到了这一点,但更为重要的是,他作为一名政治家认识到了工程在推动社会发展方面所发挥的决定性作用。

Patricia Galloway 在联合国教科文组织的报告《工程:问题、挑战和发展机遇》中,重点讨论了这一政治影响。她认为,“虽然工程师们通过游说相关组织及其本身所在的工程专业社团,已经间接实现了对公共政策的影响力,但工程师队伍对公共政策的参与只是偶尔为之。工程师们未来要与公共政策建立更好的联系,这既是工程师的责任,也是工程师职业形象的核心所在。”

有三种方式可以让工程师们能够在公共政策制定的过程中发出自己的声音。第一,自己当选为政界人士;第二,加入一些政治组织成为智囊;第三,工程师组织可推选出代表或候选人参与政策制定。以上每一种途径都需要工程师参与国家政治。

工程对政府提供的大部分市政服务活动都有影响,因此它对于政府履行各方面的职能至关重要。作为工程师,我们现在不仅仅要关注与工程相关的前沿活动,还必须参与领导项目的开展,无论是在市政、地区、国家、党派,还是国家组织层面,我们必须要参与到核心决策中来确保持续的能力建设。

让我们看几个身边的例子。许多参与气候变化国际讨论的资深人士都是律师、经济学家以及为数不多的科学家,而工程师的人数则是寥寥无几,为什么呢?中国正处于蓬勃发展中,我曾经问自己:中国核心的政治团体中有很多人都是工程师出身,这与中国的快速发展是否只是个巧合呢?在联合国教科文组织第182届执行委员会会议上,在德国和其他一些国家的支持下,在 Tony Marjoram 的鼓励下,作为 UNESCO 执行委员会的一员,我提出设立工程计划。UNESCO 执行委员会接受了这个计划,但是新任的一名负责此事的干事(实际上不是工程师)将我们的努力变成了一项工程倡议,该倡议与我的计划相比,在资源、预算分配方面存在天壤之别。结果,在 UNESCO,工程依然被埋没,我们不得不继续努力,以争取使工程获得应有的地位。为什么非洲在可持续发展方面举步维艰呢?非洲许多领导人是通过军事政变上台的,因此他们更注重安全和独裁专制。在他们眼里,科学的影响力很小,工程的影响力几乎没有。非洲之所以发展落后,主要是因为缺乏发展的政治意愿以及对工程在发展中的作用认识不足。我非常高兴听到

WFEO 副主席 Yashin 先生刚才讲到,WFEO 要与非洲联盟、与非洲的政治家们合作,从而为能力建设计划赢得更大的政治支持。这些努力将会让政客们越来越深刻地意识到工程在推进可持续发展方面的重要作用。

以上几个例子都是为了支持一个观点,工程师应该更直接地参与政治决策,这样才能够积极地影响和推进工程能力建设的进程,并促进可持续发展。作为工程师,是到了我们采取行动的时刻了,我们要让工程专家们尽快成长起来。

从联合国可持续发展目标可以发现,作为工程师,我们将会为这些目标的实现做出自己的贡献,我们将会为社会的发展做出贡献。我们也相信,如果工程师能够成为政治领袖,就能够更好地推动能力建设。

工程职业中制度能力建设对可持续发展的重要性

Robert（Bob）Pullen

南非工程院前院长

非常高兴能够参加今天的论坛，而且我非常荣幸能够为本次论坛的讨论、为可持续发展和工程能力建设贡献一己之力。

之前有嘉宾讲过，我们需要一个新的概念，新的关于工程的界定。我非常赞同。因为我也有同样的想法，甚至六十多年前我已经就有了此想法。当我还很年轻的时候，我的导师对“工程”是这样界定的，“工程是一种艺术、一门科学，它能够把自然界的资源和力量融合起来，造福全人类”。他的这个界定一直跟随我这么多年。但是现在我发现大家对它的界定完全不一样了。我觉得应该改变我自己的思维，从全新的角度去考虑工程能力建设，从全新的角度去看待可持续发展。我觉得应该关注工程师职业的方方面面，而不仅仅从工程师个体的角度去讲。我们需要从不同的角度，例如从哲学或者其他的角度去看待可持续发展。就像我的同事 Yashin 先生讲到的可持续发展的一些深层次的含义，非常感谢他能够为我们传达这些信息。

我今天重点讲机构建设，或者说是制度建设。我曾经担任过南非工程院的院长，也做过一个关于推动非洲发展的项目，是一个撒哈拉地区的试点项目，现在也已经有了足够的融资。南非工程院主要是关注斯威士兰王国，这个国家在非洲南部，国土面积大约 2 万平方公里，人口有 100 多万，是一个很小的国家。我们主要是提供一些咨询，去实地调研采访，去了解他们的工程以及他们对工程的理解，同时了解在发展过程中有哪些需求。我们必须要意识到，不同组织、不同工程类机构在某个国家和地区所能发挥的作用完全取决于这个行业的大小，也就是从业人员的多少。

2010 年，世界工程组织联合会工程能力建设委员会发布了《能力建设指南 2010》报告，里面提到“机构”这个概念。我们来看一下机构具体包括什么？首先包括大学和其他高等教育机构,因为有了学校才能够让知识得到传承,才能够让这个职业有可持续性,才能够真正推动可持续发展。其次,包括一些协会等专业组织。加入这些协会或组织也是非常有必要的。最后,还需要立法和监管机构来具体管理这些专业人员。这些都是我们进行能力建设过程中需要注意的方面。

具体来看,第一类是教育机构,在这里提供专业发展的教育或知识基础是至关重要的。如果没有知识作为基础,任何行业都不可能实现发展。这是一个前提条件和基础,只有这样才能够实现任何学科和职业的发展。大学或者是高等教育机构的学习项目在满足一些最基本的要求的条件下,应该得到一些受尊重的机构的认可,也就是说这种机构可以为这些项目颁发一些证书。公众对教育机构的信心在于学生对他们的信心,以及公众对这些教育项目、计划和教育成果的认可。大学面临着许多挑战,包括来自社会的外部挑战和来自内部的跨学科挑战。

第二类是专业的组织、协会等机构。这些组织是业内人士的家园和平台,在这里,大家有着相同的职业、相似的语言,能够彼此分享经验、知识和信息,交流看法,并可以相互支持。有些机构还开展一些活动和出版一些刊物、报告等。所有这些都有助于个体的职业发展,帮助个体学习所在行业的知识。我要强调"同行网络"的重要性,因为通过这样的同行网络可以自由地去寻找一些想获取的知识或分享彼此的经验。在我看来,没有任何行业可以独自发展。只是孤立学习,不和同行交流的学习方式是没有任何效果的。我特别建议,这些专业机构应该得到足够的重视,以支持和维护该行业的发展。因为这件事情做起来并不那么容易,这些组织机构可以提供很多支持,而这些可能是通过其他渠道无法获得的。

第三类是捍卫公众利益、为公众利益服务的监管部门。特别要注意的是环境保护。各行业都应该尊重环境、保护环境,对于工程师来讲也是如此,在工作中要充分考虑到环保的要求。有一些监管机构属于政府部门,他们制定管控的标准,进行非常严格的监管;有一些是自我约束、自我管理的监管机构,他们的监管没有那么严格,也可以进行一些评估。不同模式的监管都是必需的。一个强大的、成功的行业需要"两条腿"——自觉、自愿的监管和强制性的监管,这两者是不能分离的,缺一不可,只有这"两条腿"并行才能保证一切发展顺利。

当然,还有其他方面也比较重要。我们需要各级政府的支持。如果没有政府的支持,工程在推动可持续发展方面的作用是非常有限的,所以各级政府应深刻认识到工程在可持续发展当中的作用并给予充分的支持。另外一个重要的方面是企业和私营部门,包括咨询行业等。还有基础设施的业主——不仅包括政府部门,还包括参与建设和/或运营的其他法人以及拥有基础设施的法人。他们也是非常重要的利益相关方。如果没有外部的支持,是不可能实现可持续性发展的。

我们也需要其他方面的发展,但所有的发展目标是一致的,就是要保障和支持健康的、可持续的社会经济发展。谢谢大家!

现代化工程的模型与度量:面向能力建设与可持续发展

Tony Marjoram

联合国教科文组织自然科学部门工程与基础科学前负责人

今天我给大家讲的是现代化工程的模型和度量,以及工程能力建设和可持续发展。众所周知,工程极大地改变了我们的世界,工程对于可持续的社会、文化和经济发展、减贫、减缓气候变化至关重要。但“什么是工程”“什么是工程师”“工程知识是如何产生、传播、测量和管理的”“为什么在政府、经济发展、媒体、公众的视野中工程常常被忽视”“我们能做什么”等问题都是我们需要考虑的。工程亟须得到各方更好地了解。

工程与人类的生活紧密相关,包括能源、交通运输、食品、卫生等一些基本的生活需求都离不开工程技术。纵观历史,工程在人类的发展史中发挥着重要的、不可或缺的作用。世界发展的历史,也是一部工程发展和演进的历史。第一次创新浪潮是在 18 世纪末,由于水力、纺织、铁的发明与应用,使生产手段得到变革,生产工具得以创新;第二次创新浪潮是在 19 世纪中期,由于蒸汽机、铁路、钢的发明和应用,揭开了工业化时代的序幕;第三次创新浪潮是在 20 世纪初期,由于电力能源、化工、内燃机的发明与应用,进入了电力化时代;第四次创新浪潮是在 20 世纪中后期,由于石油化学、电子技术、新材料、航空技术的发明与应用,使世界进入了高科技时代;第五次创新浪潮是在 20 世纪末期,由于信息通信技术、人工智能、纳米技术、基因等的发明与应用,进入了知识经济时代。现在我们处在第六次创新浪潮中,可持续发展以及清洁/绿色工程技术的使用。我们的世界面临着很多新的挑战,这也给工程带来了很多的挑战。

在知识领域也发生了很多变化,包括知识的产生、应用和传播都发生了很大变化,这些变化使我们有了很多创新的方式,同时我们的教育、研究等也都发生了变化,包括发展模式也发生了变化。研究方法的变化让我们可以使用更多的模型,更好地获得知识、资源和市场并加以改善。这些变化也反映在科学和工程发展中，例如传统的学科和跨学科模式从理论逐步转向实践，从个人转向团体。同时这些知识汇聚体、实习以及就业等都发生了很大变化，学习的技术也发生了变化，如信息通信技术、通过 MOOC 自主学习等。很多学者（吉本斯等）都认为，在过去 20 年中，知识生产模式已经由以学术/学科为特征的“模式 1”转向以基于问题学习和跨学科为特征的“模式 2”。

工程教育和创新的模型到底是什么样呢？我们先来了解一下工程教育的发展和演进。在过去，工程教育基本上都以技能培养为主，以学徒性质的、培养技能的模式来进行，包括活动和理论都是传承式的、手把手的教学。现在工程科学已经发生了很大变化，但是很多高校依然延续了这种传承式的理论和实践的教学模式。19 世纪末，大多数工业化国家建立的工程教育体系基本上是以柏林大学威廉·冯·洪堡（Wilhelm von Humboldt）教授提出的以学生为中心的自由主义模式为基础的，将理论和实践结合起来，重点放在科学研究上。“洪堡模式”对法国和其他国家大学的发展产生了重要影响，但在之后的发展中对实践和理论的强调常常被忽视。20 世纪，工程学会和工程师职业资格认证的不断发展使工程越来越专业化。大学和专业学会通过期刊、技术会议和研讨会等方式促进了教育、研究和信息的流动。与此同时，国际协议、工程教育标准和认证也在不断发展，工程师资格和专业能力也不断得到互认。21 世纪，我们需要一种“现代模式”，这种模型需要把已有的模型现代化，利用更加创新的现代化技术，所以我们要进行更多的思考。

“创新”这个词可以用在任何方面、任何领域，并不仅仅指技术、产品和流程的创新。我们现在讲的是线性的创新模型，基础科学可以带来工程和技术创新，所以它是非常简单的、比较有延续性的模型，也是一个主流的模型。线性模型成为“科技政策”和战后经济发展的典范，很多人认为线性的创新模型是对的。但也有不少批评，其中最主要的是线性模型忽视了工程和工程教育在创新中的作用。科学技术统计和指标忽略了工程，例如，不把科学和工程的数据与毕业生数量、就业和研究数据区分或分解——许多工程师可能被统计为科学家，而许多科学家可能实际上在做工程，如太空计划和“火箭科学”本质上是工程。因此，线性模型给科学、工程技术带来一些误导和不准确，同时也在很大程度上忽视了工程在发展中的作用以及在科学技术政策制定中的作用。所以现在很多人开始审视新的创新机制，包括高校、行业和政府都开始重新审视到底什么是创新。

接下来讲讲工程的指标。什么是工程？工程师做什么？一个国家有多少工程师？需要多少工程师？如何培养这些工程师？在未来的十年、二十年、五十年，需要哪些类型的工程师，与当下是否有变化？是否会出现工程师短缺，或者是出现人才外流的情况？这些都是很复杂的问题，在不同领域、不同类型、不同层面的工程师们的需求是不一样的，不同行业对工程师要求和需求也是不一样的。随着时间的推移，关于工程师的界定也不一样，仅在德国，“工程师”这个概念已经有50个多个版本。所以，变化很多。

众所周知，工程相关的统计数据是分散的、碎片化的，尤其是在发展中国家。所以从工程的意义上来讲，这些数据其实是不可靠的。爱因斯坦曾经说过，并非所有重要的东西都计算得清楚，也并非所有计算得清楚的东西都重要。爱因斯坦说的这句话能够反映出一些现实，就是我们生活中需要的一些东西、可以衡量的东西并不见得是重要的，但是重要的东西并不见得是可衡量的。

在很多国家，工程师都是短缺的。我们要面向未来，例如我们要花10年的时间才能培养出一位有资质的工程师，那么我们必须提前10~20年进行规划，尤其是在一些新领域。在一些传统学科中，很多工程师随着年龄的增长就会退休，那么，到底谁来补上和替换呢？这就是一个很大的问题。很多政府都为此而感到忧虑。

我们需要更好的对于工程的定义和度量，以更好地进行数据分解，更好地界定和衡量创新。只有更好的工程和创新指标，才能更深入地理解工程在发展中的作用，以及社会对工程师的需求。所以在创新过程当中，我们需要指标，我们需要了解、需要政策、需要规划。一位前任经济合作与发展组织（OECD）科技指标专家指出，关于工程数据和指标，其实大家之前对它的关注度并不够。在论文或其他出版物中还没有国际性的较为全面和详尽的工程数据发表过。人们收集可衡量的数据，因为可衡量的才是数据。所以我们需要用数据去衡量什么是工程、什么是工程师。但是有一些数据并不见得能够帮助我们描述一个具体事物的方方面面，所以在一定程度上并没有反映出工程或者工程科学的内容，所以我们需要更多更好的界定，也需要更高质量的工程数据。

OECD发布的《科技人力资源手册》（又称《堪培拉手册》）对科技人力资源的界定、具体的职业、学位水平划分等标准都有详细的界定。但有些数据较难解释，因为定义的界定不同，如科学家和工程师的聚合。关于研发方面的这些数据主要基于实验数据和分析结果，主要讲的是发达国家，并不是发展中国家，所以无法进行比较。我们现在甚至又开始思考一些老的问题——到底什么是研究、哪些领域是应用学科、哪些是基础学科等。而且在我们决策和制定政策的过程中，这些其实都是需要慢慢进行调整和充分意识到的。

关于创新的指标，根据OECD国家的数据，我们会看到一些不同的界定。其实这些指标并没有给予工程和工程从业人员应有的认可，而且很多关于创新的信息都是非正式的信息。目前工程方面的指标依然是非常有限的，所以我们需要更好的数据和指标。而且工程是个很宽泛的概念，不仅仅包括工程师所从事的工作，现在有些人实际是做了工程师的工作，但是并没有被认可，没有被纳入到数据和指标当中。还有在指标统计过程中的人才流动问题。在澳大利亚，新工程师、刚刚就业的工程师中，有 66% 都是移民工程师，只有 33% ~ 35% 是本土工程师。这对澳大利亚来说是非常好，但对于他们所来自的国家并不是一件好事。我们需要对工程进行更细的分类，在指标上分解到领域、层次、职业、活动等。我们需要对创新进行更加清晰的概念界定，注重工程技术，正规和非正规部门的创新。同时，基于工程的复杂性，我们也要对工程进行更好、更充分的理解。

我们的世界和工程都发生了巨大的变化，随之带来的是对工程师培养质量和需求数量上的变化。在工科人才培养质量方面，一些国际工程协议认证对工科学生成果产出的规定中几乎一半指标都是非技术性的指标，如团队合作、问题分析、职业道德、社会责任、现代工具使用、工程与社会，环境/可持续性、沟通、项目管理/财务、终身学习等。在需求数量方面，全球都面临着工程师短缺的问题，这也是各国政府非常担忧的一个问题。一些国家和工程机构明确指出，解决工程师短缺问题是一个国家要优先解决的问题。联合国教科文组织的数据显示：在发达国家和地区，平均每 10 万人中能产生约 20 ~ 50 位科学家/工程师；在发展中国家，每 10 万人中有大约 5 位科学家/工程师；在欠发达国家，每 10 万人最多能产生 1 名科学家/工程师。在考虑工程师需求数量问题时，可以借鉴其他专业，如医生、律师和教师。对律师的需求在世界各地更具变数和弹性，对教师的需求更直接地取决于学龄人口，对医生和相关高级医护人员的需求为工程师提供了最接近的模式。开发并应用相似模型到工程中是非常有益的探索，而且许多国家已经对本国技术和基础设施等进行了评估，这与工程师的需求数量有着明显的联系。

我们要制定新的度量标准和指标体系，就要涉及以下方面的研究：收集现有的工程科技指标并进行分析，对工程科技进行重新界定并补充新指标，要面向工程科技的未来发展增加新指标。在实践活动中，还要促进关于新工程科技指标的互联互通和相关讨论。

随着工程科技的不断发展变化，信息通信技术的迅速扩散以及越来越多的研发和技术应用的全球化，人们迫切需要研究新模型和制定新指标来衡量工程科技的创新变化及相关产出，这也是工程科技指标体系建构的新背景和新要求。“创新的线性模型”便于大众理解，但这种简单、早期和持久的模型是不准确的，还容易造成误导，即基础科学促进应用科学、工程技术和创新的发展。科学被过分强调了，人们关注科学而忽视了工程，实际上工程在创新驱动中扮演了非常重要的角色。因此，我们构建的新模型要包括大学、产业和政府的创新体系，同时也要融合创新发展的社会技术背景。我们需要更现实的知识观、应用观和创新观，要强调工程在创新发展中的作用，并认识到创新和工程问题解决的紧密关系。这个模型也将提高年轻人学习工科的兴趣，提升工科院校学生入学率，减少工程人才外流。

我们要强调工程科技对社会和经济发展的贡献，工程在促进可持续发展、应对气候变化、减少贫困、改善人类生活质量等方面的重要作用。我们要把工程作为国家、国际层面上解决以上问题的政策核心。我们要促进关于工程的研究，设计更好的指标，建立新的工程和创新模式，以促进工程技术的发展，促进以问题为基础的工程教育和学习，提升工科大学在社会经济发展中的地位和作用。在这里，我相信清华大学和国际工程教育中心能够发挥非常重要的作用。

面向可持续发展的全球工程能力建设

Anette Kolmos

丹麦奥尔堡大学 UCPBL 中心主任

非常感谢中国工程院、感谢国际工程教育中心(ICEE),我们非常期待 UCPBL 中心能够与 ICEE 进行更加密切的合作。

大概一年之前,我参加了一个会议,这个会议的参与者是来自联合国教科文组织所有中心的负责人。在会上,所有中心的负责人要承诺能担当起这样的责任和履行这样的义务,也就是教育的可持续发展问题。工程与可持续性问题是密切相关的。如果把可持续发展目标和各地目前所面临的挑战进行比较,会发现这两者是非常相似的。

2012 年,我们启动了奥尔堡大学可持续性问题实践与发展的课题研究,旨在调查可持续性与工科教育的整合情况,调查涵盖学校的 104 个项目。结果显示,有 57%的项目与可持续性无关,有 18%的项目涉及环境、社会和经济三方面的可持续性,9%的项目涉及环境和社会两方面的可持续性,6%的项目只涉及环境的可持续性,包含社会和经济、环境和经济的可持续性项目各占 2%,只涉及经济的可持续性项目也只占 2%。建筑设计规划学院有 64%的项目都涵盖环境、社会和经济三方面的可持续性,只有 14%的项目一点都没有提到可持续性。但是在信息通信技术学院,有 83%的项目根本没有提到可持续性问题,仅有 3%的项目囊括了环境、社会和经济三个方面的可持续性内容。

但这并不意味着丹麦的工科毕业生没有实施可持续性项目的能力,实际上他们是有能力的,例如丹麦的用电就是由可再生能源提供的。所以并不是说我们在实践中没有实施可持续性项目。但如果我们把可持续性融入教育中,就要非常正式地实施,而不只是在实践中,我们需要把可持续性融入课程和教学当中。

我们对澳大利亚和丹麦的可持续发展教育战略框架进行了比较分析(图 1 和图 2)。这是把可持续发展融入工程教育的两种不同的途径和方法。在丹麦,对工程教育可持续发展的推动主要来自于学术共同体,从学术研究的角度探讨把可持续发展融入工程教育中的不同模式。在这个过程中,教师强有力的支持也发挥了关键作用。在澳大利亚,推动工程教育可持续发展的研究和实践的动力更多来自于政府与认证的要求。这样的分析是非常有必要的。我们在倡导和推动解决可持续性的问题,但每个学校应审视一下自己的课程设置、项目实践等是否是在迈向可持续发展目标的实现。

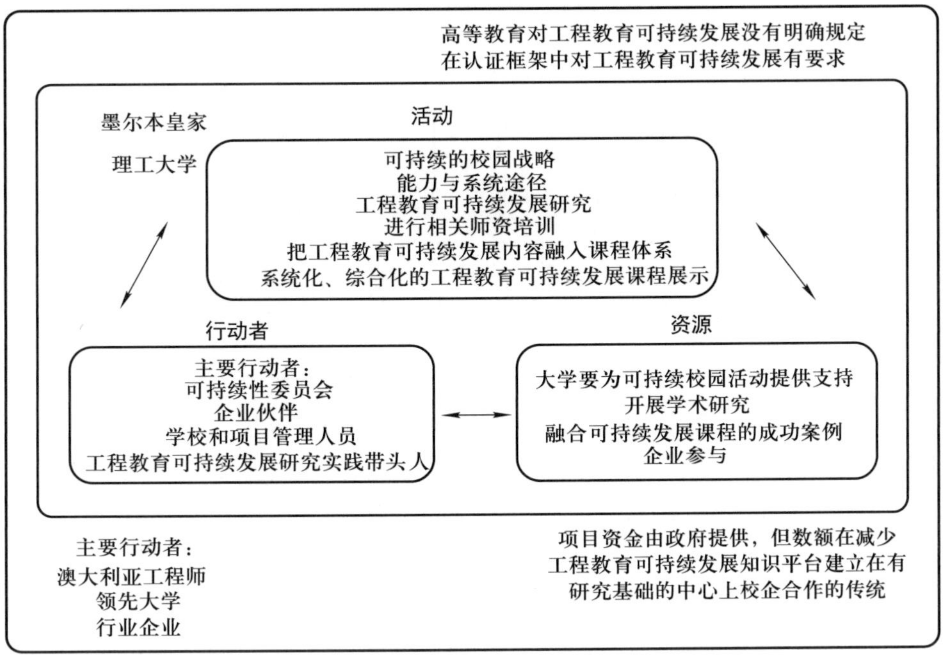

图1　澳大利亚工程教育可持续发展综合框架

资料来源:HOLGAARD J E, HADGRAFT R, KOLMOS A, et al. Strategies for education for sustainable development—Danish and Australian perspectives[J]. Journal of Cleaner Production, 2016, 112(6):1-21

我们对同一批学生自2010年注册入校时就开始分不同时间段进行追踪调查(2010年、2011年、2015年和2016年)。通过这个研究,我们获得了很多的数据,接下来为大家展示部分数据。我们也考虑到性别的因素,发现女性更加关注可持续性的问题,例如女性申请环境课程、化学课程等的人数比男性要多。

2010年,我们在新入学的学生中进行了调查,了解他们对可持续性的理解("你认为可持续性是关于哪些方面的?请指出下列与可持续性相关的题项"),图3是统计结果。

图4是2015年这批学生毕业和2016年他们毕业一年后调查的部分数据的对比。在"你认为哪些因素为未来工作打下基础?"问题上,我们可以看到,在毕业时觉得自己所掌握的工程知识为未来工作打下基础的人数比较多,但是到工作了一年后,他们会觉得这方面知识并不是那么重要。但这并不是说工程技术知识

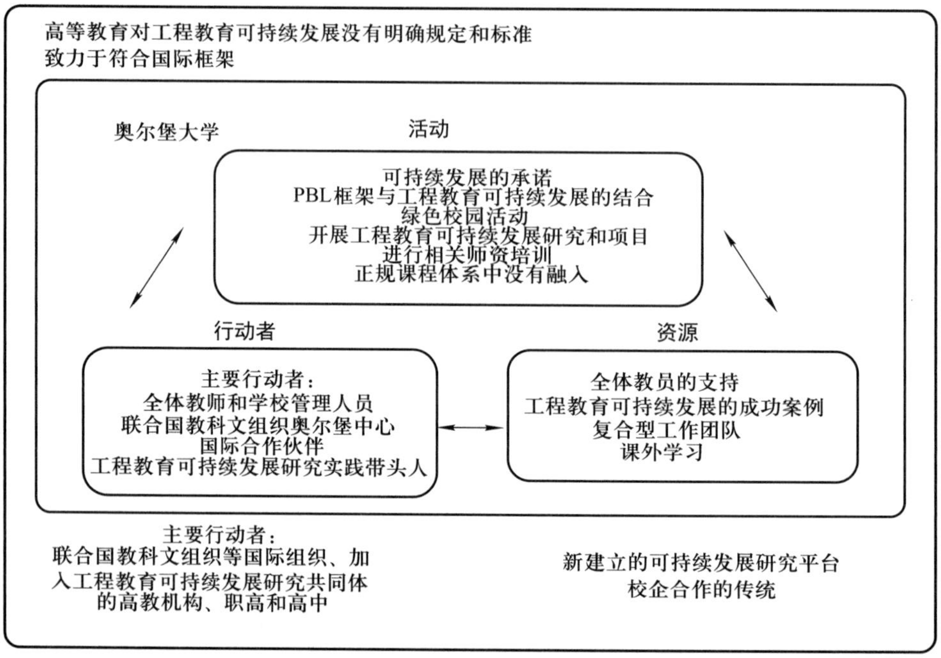

图 2　丹麦工程教育可持续发展综合框架

资料来源：HOLGAARD J E, HADGRAFT R, KOLMOS A, et al. Strategies for education for sustainable development—Danish and Australian perspectives[J]. Journal of Cleaner Production, 2016, 112(6):1-21

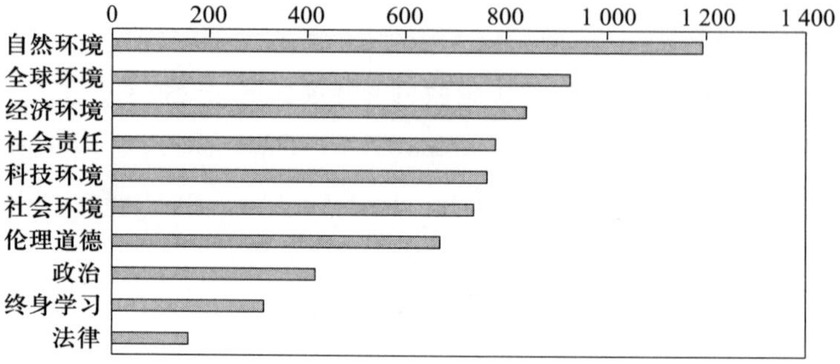

图 3　学生对可持续性认知结果统计图（N=1 412）

应该在学校中少学习一些，而是学生们进入了不同的阶段。另外，在技术知识和商业、组织知识和可迁移技能方面，2015 年、2016 年数据基本是持平的。同时，我们会发现奥尔堡大学的学生感觉他们对进入社会、开展工作做好了准备，认为自己能更好、更容易地进入就业市场。

这里有一个很重要的信息，我们并没有发现奥尔堡大学和其他大学在培养学生掌握技术知识方面任何的差距。他们基本上都一样，这一点很重要，也就是说各大学在这方面大同小异。另外一个关于能力方面的对比（图 5），即核心竞争力。大家可以看到在，奥尔堡大学的学生觉得自己在独立性、跨学科等方面的能

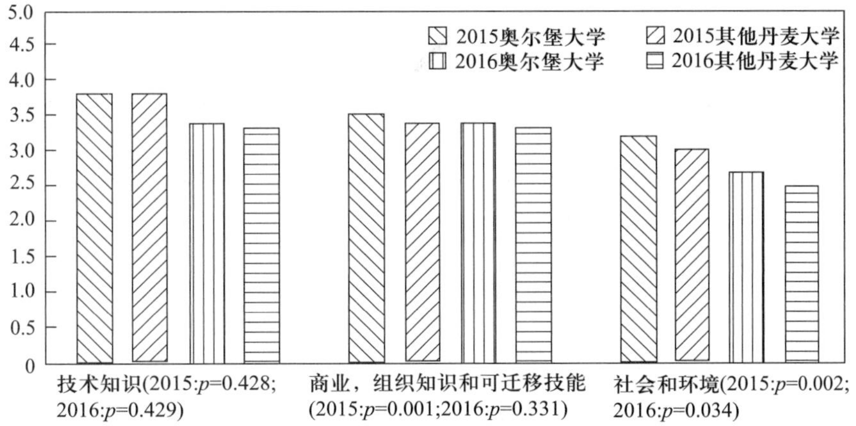

图 4　关于“你认为哪些因素为未来工作打下基础?”题项的统计结果对比

力比较强。所以 PBL 的学习模式的确是有效果的,对于学生们的职业发展非常有帮助。当然,这是一个平均水平。

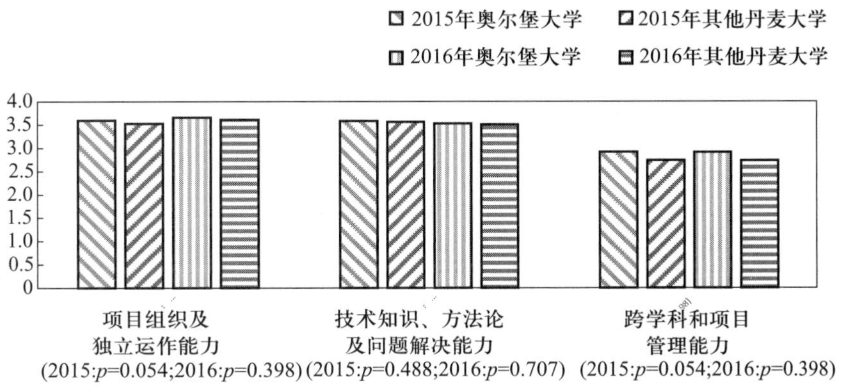

图 5　奥尔堡大学和其他丹麦大学学生竞争力认知比较(2015 年和 2016 年)

但是我还是要讲一讲他们为什么会觉得自己有所收获,到底是有什么样的教学方法呢？我们让这些样本学生在 2015 年毕业时对在校期间接受的大部分教育形式进行重要性评价,结果如图 6 所示。

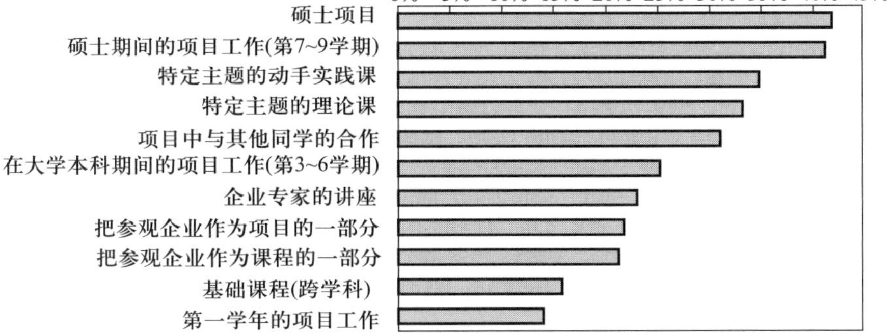

图 6　关于“你认为下列教育因素在多大程度上对未来工作的影响最大?”题项的统计结果图(N=1 141)

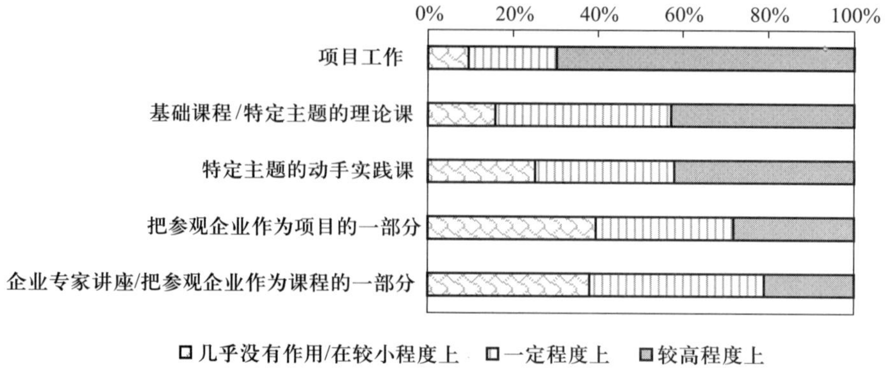

图 7　关于"所列教育因素在多大程度上对工作的影响最大?"题项的统计结果图($N=787$)

资料来源:KOLMOS A, KORETKE R B. AAU teknisk-naturvidenskabelige studerendes forventning og parathed til det kommende arbejdsliv. Arbejdsrapport nr. 2. UNESCO. 2017

2016 年,我们对毕业后一年的相同样本的学生进行调查,让他们选择"下列教育因素在多大程度上对工作的影响最大?",分析结果如图 7 所示。

在对待可持续发展问题上有哪些解决方案呢? 有三种改变的策略(图 8)。第一是课程策略,设置可持续发展的相关课程,这在某种程度上是一种补充。第二是集成策略,也是 CDIO 系统方法,是一种一体化战略。我们会考虑到不同课程设置中的元素,把理论层面和实践层面系统化地结合起来。第三是重建策略,这是整合的重建工作,通过建立新机构来重新思考我们的价值观、学术认同、承诺、与企业和社会的合作。目前我们开展的很多项目都属于重建策略。

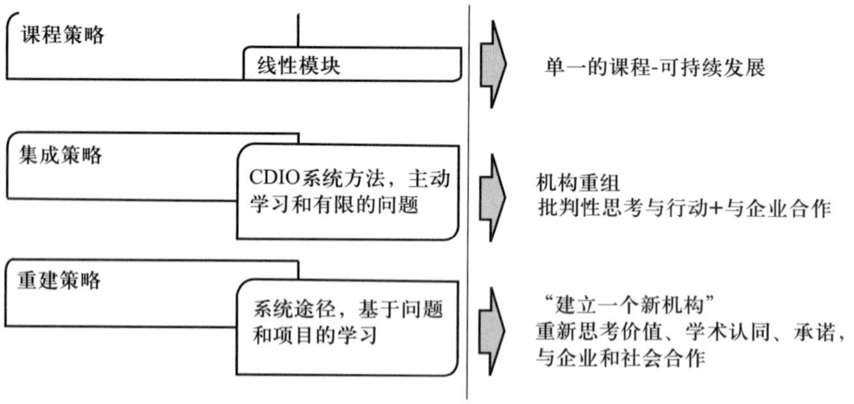

图 8　三种改变的策略

资料来源:KOLMOS A, HADGRAFT R G, HOLGAARD J E. Response strategies for curriculum change in engineering[J]. International Journal of Technology & Design Education, 2016, 26(3):391-411

最后讲讲什么是单一课程。有时候我会担心,有人说我们的学生需要通过实践去经历可持续性,要在做的过程中学习,但是这些项目都是涉及不同学科、不同领域的,因为如果没有多学科之间的协调是不可能实现的。我后来看到学生同时要学习三门课程。虽然这是很好的体验和练习过程,但是长远来看这并不奏效。因为课程太多,学生在开始项目的时候会感到累,会觉得不胜其烦,这样就不好了。所以我们需要一个更高程度的整合,就是把可持续性和 PBL 整合起来,我们要把这些概念融合到一个项目中,可能包括两三个主题甚至更多。学科也可以,但是不同的学科和主题之间要有协作、有协调,这样学生做的就是一个更全面、更大的项目,而不是同时做好几个小项目。这就是我最后要讲的一点。诚挚邀请大家来到我们中心和学校来进行交流和研讨。谢谢各位!

第四次工业革命:工程教育准备好了吗?

Lueny Morell

国际工程教育学会联盟(IFEES)前主席

我们现在正处在第四次工业革命的进程中,新的工业革命将会带来人们收入的增加,改善全世界人民的生活质量,但是目前还没有完全实现。所以,我们每个人都要做好准备,包括企业、政府和学界,都要了解变化的环境和人类所面临的挑战,然后进行持续不断、不遗余力的创新。

首先,我们来了解一下什么是第四次工业革命。第四次工业革命的特点之一就是改变了我们本身,改变了我们的做事方式。我们能够把人的大脑活动视觉化,通过脑电波看到哪些皮层在活动、如何活动,这是之前做不到的。我们的基因、大脑,人类的认知极限和未知的东西,还有我们与地球的关系也在不同程度上发生了变化。

20 世纪发生了很多变化,这种变化更多体现在政府、商业和教育当中。在新的世界,自由主义影响下,我们的市场、人员、资本流动都越来越自由,可以满足地球上每个人的需求。我们的地球会更加公平,我们不仅仅关注增长,同时也能够把人类的福祉最大化。很多突飞猛进的技术革新(如 3D 打印和材料科学等的进步)让我们的生活发生了翻天覆地的变化。我们要更具创新精神,更加雄心勃勃地迈向未来。现在的城市已经大同小异,就像一个巨大的网络把我们紧紧联系在一起。我们的工作和生活,我们每个人都或多或少地与其他人产生交集。我们有大的供应链网络,从个人到城市的变化都影响巨大。我们要从自然中进行学习,并把自然中的知识运用到生活当中,例如把生物技术应用到基因工程中。我们现在追求的不是数量,而是质量。我们需要为子孙万代考虑,我们希望能永远享用到清洁的空气、水资源等,让我们越来越安全、越来越健康。我们要去保护脆弱的环境,保护濒危的动物,保护日益匮乏的资源。我们现在必须使用可再生能源和新能源,比如太阳能、风能、电能、生物能等。随着机器人的推广应用,人类只需要居中调控,机器人就可以替人类做很多事情、完成很多工作。这就是技术的力量。

未来，新的科技将会使就业机会减少。所以，我们需要接受更好的教育和新的培训。这就是第四次工业革命的概况，我们已经进入了这样的世界。

我们要面对什么样的挑战呢？首先是人力资源的挑战。对于“你认为美国发展智能城市的主要障碍有哪些？请选出最主要的三项”问题的调查显示（图1），首要的障碍是预算限制，第二是缺少资源和专业的知识技能，意思就是缺乏有能力、能胜任做这项工作的人。毫无疑问，我们需要复合型、跨学科、创新型的工程科技人才来推动第四次工业革命。第四次工业革命不只涉及一个国家或者是一个区域，它是全球化的工业革命。因此，我们需要全球化的人才，既能立足本土，同时又具有国际化的视野和能力。

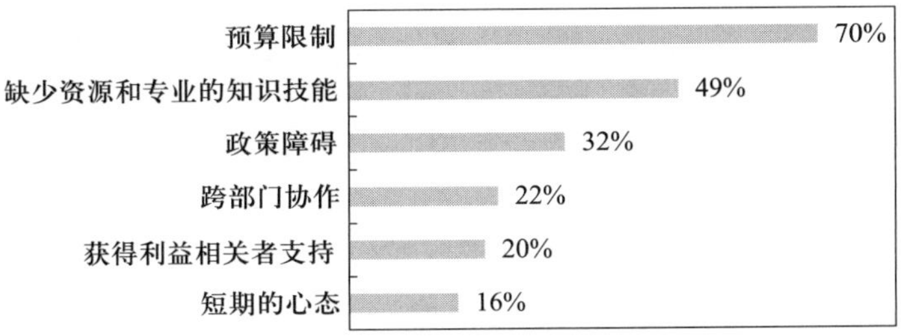

图1　美国发展智能城市的主要障碍统计图（$N=778$）

资料来源：Business Insider 网站

教育系统也面临着挑战。世界经济论坛《未来的工作》报告中指出，大部分的教育体系，各个层面提供的都是各自为战的培训和教育。这种教育实践沿用的是20世纪的做法，这给人才的培养和劳动力市场的发展带来了极大的阻碍。在全世界正规教育体系中，有两个遗留问题：一是人文学科与自然科学以及应用科学与理论科学培养之间的泾渭分明和分裂；二是高等教育更为注重教育的形式，而不是实际的学习内容。所以我们要做一个平衡。

为了应对第四次工业革命，我们应该如何设计工科课程呢？图2展示了我们目前典型的课程体系。四年下来，学生学习了很多课程、很多理论，这是一件好

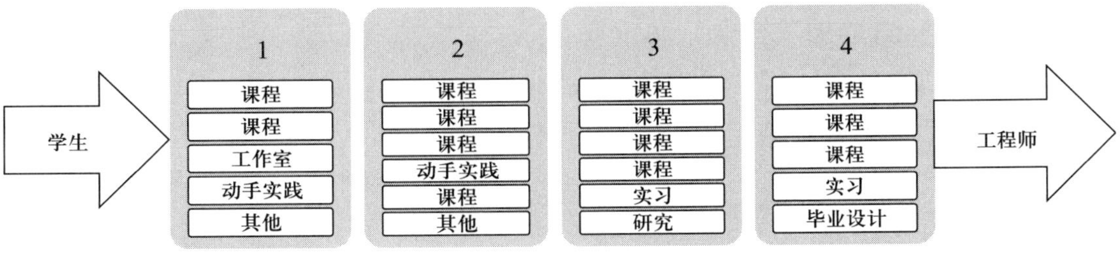

图2　典型的课程体系示意图

事，他们在理论学习方面非常擅长，但是他们也需要学习很多其他的能力，不仅仅是理论学习。我建议把顺序颠倒过来，从后向前进行设计。工程师走上工作岗位之后需要哪些素质和能力，把素质和能力分解到课程设计之中，学生需要怎样的学习过程和学习经历才能获得这些素质与能力，不仅仅是课程，可以是实习、研讨会，可以是任何其他的活动，还有自主学习的体验和经历也能够很好地提升工科学生的能力培养效果。我们需要一个非常灵活的课程设置，在学生有了扎实的工程基础知识后就可以在不同领域进行学习，这样最后获得的不仅是一种知识，而是很多知识。很多不同的项目其实是跨学科的项目，不是每个学生的知识都是一样的。

我们要对工科或其他课程进行改革，可以按照以下五个步骤进行：第一，定义成果产出，也就是我们最终培养的学生应该是什么样的、应该具备哪些素质能力；第二，设计学习过程，将所要培养的能力反映到课程设计和学习过程中，确定教什么、何时教、谁来教和怎么教；第三，进行成果分析和评估；第四，进行成果分享，把这些成果、结果与其他人进行分享，让利益相关方知道这个结果；第五，做出改进的决定，大家一起讨论下一步应该如何进行改进。这五个步骤看似很简单，但是做起来并不容易。

第四次工业革命需要工程师具有哪些胜任力？可以从知识、技能和态度/价值观方面来看，这属于胜任力的不同范畴。首先，在知识需求方面，如智能机器人、自动化交通、人工智能、先进材料、纳米技术、3D 打印、生物技术、基因组学等。大家可能会问是否需要专门针对第四次工业革命来设置课程？不需要。我们可以先对目前的课程内容进行评估。其次，在所需的技能和态度方面，要求学生具有复杂问题的推理能力、批判性思维能力、创造力、以人为中心的管理能力、组织协调力、情绪管理能力、判断和决策力、谈判能力、自我学习的能力、服务的精神等。团队合作、伦理道德和社会责任永远都重要，学生要把这些要求铭记终身。

面对第四次工业革命，我们有哪些机会呢？我们需要让所有的利益相关方都加入进来，仅仅依靠大学是不够的，要让相关各方从公共部门、私营部门到学术界和社会团体都参与进来。行业尤其重要，因为最终是由行业来检验人才培养的结果。我们需要加强校企合作，与行业共同探讨，如课程的设置等。我们需要相互理解，大学和行业毕竟有很多的不同点。大学的改革步伐和步骤是非常缓慢的，但行业的变化非常快。我们也需要坦诚，需要建立和行业之间的信任。这个信任就是我们能够进行合作，我们有着共同的愿景——让这个世界变得更好、让我们的生活变得更好。所以要做的事情有很多。我的人生信条就是，首先要做必要的事情，然后做可能的事情，最后就可以做不可能实现的事情。

中国高铁工程人才培养

朱克非

中国铁道科学研究院铁道技术研修学院院长

一、中国高速铁路的发展现状

近十余年，中国高速铁路发展成就举世瞩目，接下来将从路网规模、运输生产、技术标准和主要成果方面与大家进行分享。

1. 路网规模

以新线、设计时速250公里及以上高速铁路为统计基础，目前，中国已建成通车高铁2.2万余公里，是全球高铁运营里程最长的国家。预计到2020年，以高铁为骨架的快速客运网运营里程将达到5万公里以上，基本覆盖80%的50万以上人口城市。

2. 运输生产

已制造、运营2 600余组动车组（标准组），累计运行里程超过50亿公里；高铁累计旅客发送量超过60亿人次，列车正点率达到98.8%；2016年，高铁旅客发送量约14.5亿人次，周转量约4 900亿人 · 公里。

3. 技术标准

中国高铁是中国现代装备业成建制国产化、从“中国制造”迈向“中国创造”的典型代表。中国高速人已经围绕工程建造技术、高铁动车组技术、列车控制技术、牵引供电技术、运营管理技术、风险防控技术和系统集成技术等方面系统建立了中国高铁技术标准体系，跻身世界先进行列，且部分技术指标和技术装备达国际先进水平。

4. 主要成果

中国高铁已经实现跨膨胀土地区、高寒地区、岩溶地区、黄土地区等不同地貌单元复杂地质，多个气候带长大高速铁路全线无砟轨道，超长无缝线路，高速列车运行高平顺、更稳定特性凸显。所积累的技术和成功经验十分宝贵。

在桥梁设计建造方面，武汉天兴洲长江公铁两用斜拉桥，主跨504米，在同类桥中拥有“跨度、载荷、速度、宽度”四项世界第一；南京大胜关长江大桥是世界上唯一的6线铁路钢拱桥；两桥分别荣获第27届、第29届国际桥梁大会“乔治·理查德森”大奖。

在隧道设计建造方面，穿越石家庄市区的城市隧道是世界上首座6线高速铁路隧道，穿越深圳市区的福田地下车站是世界上首座速度最高的地下通过站，穿越珠江口10余公里长的水下隧道是世界上首座运营速度最高的越江隧道。

在客运枢纽方面，北京南站、上海虹桥站等大型综合客运枢纽，实现集普铁、城际、高铁于一站，与地铁、轻轨、公交及航空港等多种交通方式衔接与融合，功能完善、换乘便捷、集疏高效，现代客运特性凸显。站场的空间格局和系统技术体现了当代客运枢纽的一流水平。

在客票预订售方面，构建了双中心、双活架构的“12306”客票系统，形成日售票千万张的能力。2017年，春运高峰期日售票量达到1 239万张，其中网售933.2万张，占比达75.3%以上。正是全球交易量最大的中国铁路票务系统，给铁路客运带来了深刻的变革。

中国高铁构建了时速350公里高速铁路成套技术和装备、建设和运营标准体系，所积累的试验、验证和运行数据，勘察设计、工程建设和运营维护等技术与管理经验，可供修建、运营同类高速铁路时借鉴。

二、中国高铁工程人才教育体系

1. 中国高铁工程人才培养基础

近年来，在铁路从业人员总量增加有限的情况下（图1），中国高铁发展对工程人才的素质和能力要求不断提高。

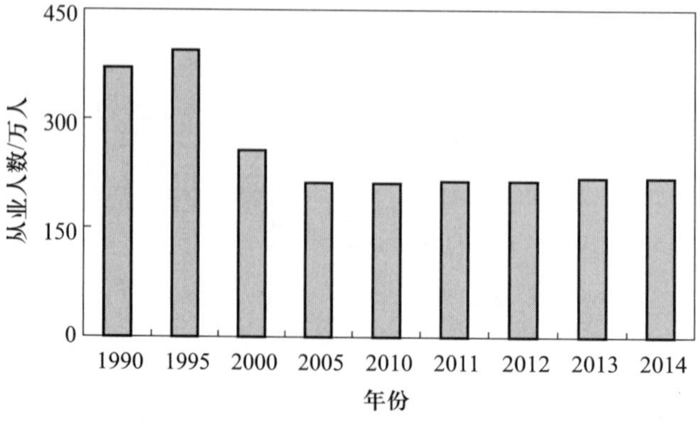

图1　中国铁路从业人数变化趋势

2. 中国高铁工程人才培养体系

中国铁路围绕工程设计与技术创新人才培养、管理与专业技术人员培养和技能型人才培养，构建了多层次、多模式相融合的人才培养体系，强化工程人才对高铁创新发展的支撑能力，同时高度重视后备人才的储备。

举措1：以中国铁道科学研究院和铁路相关设计院为主，通过工程设计与技术创新人员学历教育、技师及高级技师短期研修等方式，协同企业、高校开展工程领域高端人才的创新培养。

中国铁道科学研究院（以下简称"铁科院"）是中国铁路唯一的多学科、多专业的综合性科研机构，也是行业最高院府和研发中心，拥有门类齐全的轨道交通学科集群、专业配套完善的科研教育资源优势和最先进的轨道交通核心实验平台。

铁科院拥有国家铁道实验中心、高速铁路系统试验国家工程实验室、高速铁路轨道技术国家重点实验室、国家铁路智能运输系统工程技术研究中心、动车组和机车牵引与控制国家重点实验室、高速列车技术创新服务平台六大国家级科研平台，同时拥有中国铁路工务技术、动车组技术、通信信号技术、北斗卫星导航技术、客运咨询、客货运输价格监测六大行业中心。

在人才培养方面，铁科院是首批获得博士、硕士学位授予权的科研机构，拥有博士后流动站、博士学位授予点和硕士学位授予点若干。同时，铁科院是国家技术人员继续教育培训基地、铁路高新技术继续教育基地和科技部创新人才培养示范基地。

铁科院依托以上强大的系统技术研发能力和支撑平台，通过以研带学、以研促教，面向行业开展高端创新性人才的培养。每年围绕铁路及城市轨道交通重点领域开展高层次、急需紧缺和骨干专业技术人才培养与培训超过2万人次。

举措2：在中国铁路总公司的指导下，以铁科院暨铁路高新技术继续教育基地为主，开展面向全路管理与专业技术人员的示范培训和专业提升继续教育，同时各个铁路局常态化开设面向铁路工种的专业技术业务基础培训班以加强各路局的专业技术人员的知识更新、继续教育。

铁科院遵循以研立院原则，以创新驱动发展，围绕铁路的运营管理和专业技术两个领域，在工务、机务、电务、车辆、牵引供电、信息、运营管理等专业，为中国高铁人才队伍建设提供基础支撑和保障。同时不断探索移动互联网、虚拟现实等现代信息技术，变革人才培训培养模式，引领行业继续教育不断创新发展。

举措3：铁科院与国家铁路局合作开展动车组标准化模拟驾驶考试研究，开展驾驶培训及高铁主要行车工种的岗位准入类培训。

以驾驶资格考试类培训为例，铁科院与国家铁路局共同建设高铁动车组标准化模拟驾驶考试示范基地，开展司机模拟驾驶考试标准研究和动车组司机理论及实操培训。同时，各路局建设自己的实训基地，或与铁路职业院校合作，面向一线技能型人才开展常态化的实训继续教育。

三、面向国际的高铁人才培训

中国高铁是加强各国交流、传递文明的使者。中国政府部门和行业科研机构协同高校、职业院校和企业，围绕“走出去”和“请进来”两个方式，系统构建了面向国际的高铁人才培训体系（图 2）。

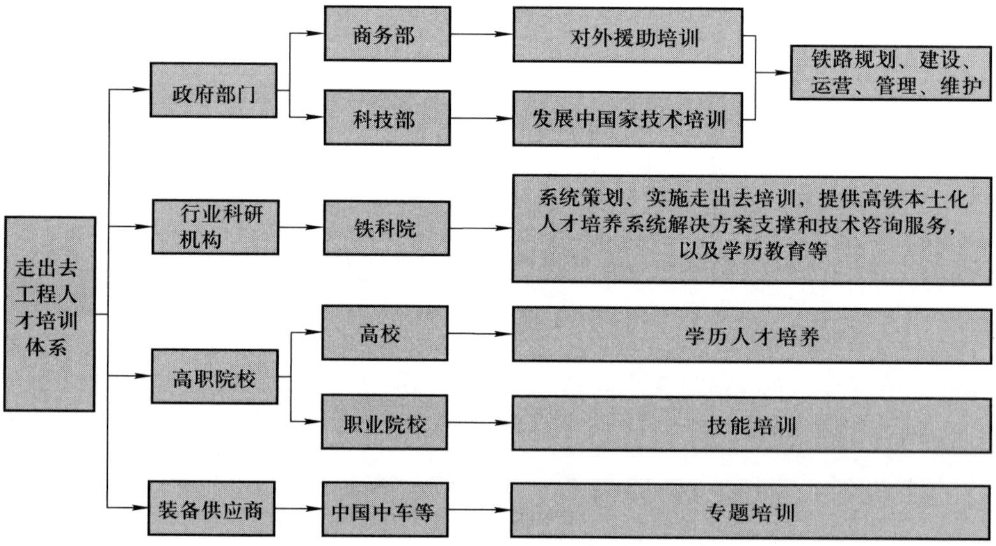

图 2　中国高铁走出去工程人才培训体系

政府部门：以商务部和科技部为代表，每年围绕铁路规划、建设、运营、管理、维护方向策划若干期对外培训援助项目，邀请相关国家的交通主管部门、企业等管理者和高级技术人员来华参加中短期的专题培训。

行业科研机构：铁科院作为中国铁路总公司在中国高铁走出去项目中开展人才培养的主要依托单位，面向进入国的相关政府官员、企业高管开展高端培训交流，并为高铁建设运营的本土化提供覆盖全部专业的运营管理和关键岗位技能人才培养培训解决方案与技术咨询服务，以及研究生学历教育。中国与印度尼西亚合作的雅万高铁人才培训工程就是由铁科院铁道技术研修学院牵头完成，目前正在进行培训工程的实施。

高职院校：高校主要是在教育部的统筹指导下，通过接受留学生、走出去办学和学历互认等方式，为相关国家提供高铁相关专业的学历教育。铁路职业院校受托面向进入国开展铁路专业技能型人才定制化培养。

装备供应商:这类企业大多建有国际培训中心,与科技机构和高校、职校联合,面向进入国给出相关项目的本土化人才培养设计解决方案,并通过多种方式开展专题培训。

铁科院作为铁路继续教育高新技术基地、首批国家级专业技术人员继续教育基地和中国铁路总公司走出去人才培养依托单位,直接参与中国高铁走出去相关项目人力资源能力建立及实施方案的制定。铁科院作为中国铁路总公司走出去项目人力资源能力建设小组成员,可根据外方高铁建设目标和定位,针对高层管理人员、中层技术管理人员及一线技术操作人员,系统策划,分阶段、有侧重、多模式地开展人才培养。我们愿意与诸位携手共同推动铁路教育的发展,推动高铁专业知识技能在世界范围内的传播和共享。

面向未来职场的工程教育语境

查建中

联合国教科文组织产学合作教席主持人

人力资源市场是社会经济供给侧结构性改革非常重要的一个领域。其中一个严重问题是供需脱节、需求不明。世界各国关于工程职场的需求和工程教育质量在职场中的表现等方面的数据非常缺乏。2010 年，联合国教科文组织(UNESCO)发布了全球第一个工程报告《工程：发展的问题挑战和机遇》，尖锐地指出了这一问题。2016 年，UNESCO 设立了一个为期 10 年的重大项目，专门调查成员国的工程职场需求和工程教育质量在职场的表现，在数据分析的基础上提出工程人力资源建设和工程教育改革的政策建议。

供给侧结构性改革的另一个问题，就是产能过剩：一方面低质产能过剩，毕业生就业难；另一方面高质产能不足，职场缺人。从管理上看，教育资源分配和评价体系向学术倾斜，而对于面向职场的应用型专业教育支持不够。

专业教育机构脱离社会和产业自娱自乐、闭门造车的现象虽然在过去 10 年有很大的改进，但产学合作仍然有很多工作需要继续深入开展。

专业教育面临转型升级以满足关键利益相关者的需求，要由以学术为导向转向以职场需求为导向，开展职业性培养，创新创业教育，由以教师为中心转向以学生为中心。

UNESCO 在 1972 年发布了一个报告——《全球教育的今天和明天》(Learning to be：The World of Education Today and Tomorrow)，报告中指出：人类历史上社会第一次拒绝系统教育所培养的毕业生的原因是因为人才的培养脱离了社会和产业的需求。这个问题是非常严重的，40 多年前已经有大量研究数据证明了这样的结论，而现在这种现象愈演愈烈。

全球最大的人力资源公司万宝盛华(Manpower)在 2006—2016 年连续进行了产业人才缺口的调查，数据表明，全球平均有 30%~41%的企业招不到所需要的人才(图 1)，这是非常严峻的现实。从全球范围来说，高、中、低各层专业技术人才都缺。招聘人才困难原因排在前面的是：缺乏足够的应聘者（24%）、缺乏专业技术能力（19%）、缺乏职场经验（19%）和缺乏软技能（11%）。该调查显示，中国近几年连续出现研发人才、设计人才不足（图2）。聘用难的原因第一位（52%）是应聘者缺乏职场经验，说明中国学校教育与产业、社会的需求脱节非常严重。

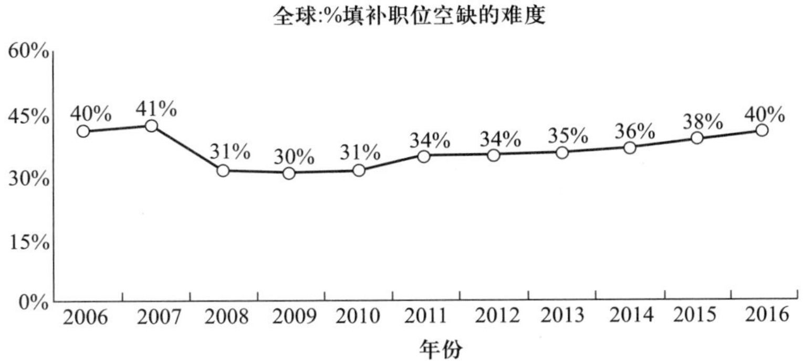

图1　2006—2016年全球人才短缺的企业平均百分比（来源：万宝盛华，2016）

中国大陆：雇主最难填补的十大职位

1 | 销售代表
2 | 技术人员
3 | 管理层/高级管理人员
4 | 工程师
5 | 技术工匠
6 | IT人员
7 | 销售经理
8 | 生产作业操作工/机器操作人员
9 | 会计/财务人员
10 | 研发人员

图2　中国2016年企业人才缺口最严重的十个岗位（来源：万宝盛华，2016）

美国科学院、美国工程院和美国医学科学院特别委员会自2015年开始对IT领域发展对职场的冲击影响进行联合调查研究。这三个美国最顶尖的学术机构非常关注未来职场需求，并从社会、经济、从业者、组织各维度开展调查研究。

研究报告基于数据分析显示，低工资收入（低于20美元/h）工作有83%的可能性会被智能机器人取代，中等工资收入（20~40美元/h）工作有31%的可能，高端工作（高于40美元/h）是4%（图3）。在不同的技术含量工作就业率和平均家庭收入发生变化上，自1985年到2015年，低端工作就业率和大多数家庭收入的降幅是非常明显的（图4）。自2000年后本科及以下学历从业者的薪资呈持平或下降的趋势，但硕士、博士的薪资水平一直在上升。产生这些现象的原因就是IT产业的发展改变了职场的需求。自2000年电脑计算能力从CPU到GPU指数发展速度是非常快的，一直到现在Google用于战胜人类围棋大师的硬件TPU（图

5)。而电脑网络通信带宽的增长也是指数型的。美国朝野和最高学术机构如此关注并深入研究未来职场的变化和需求,非常值得学习和借鉴。

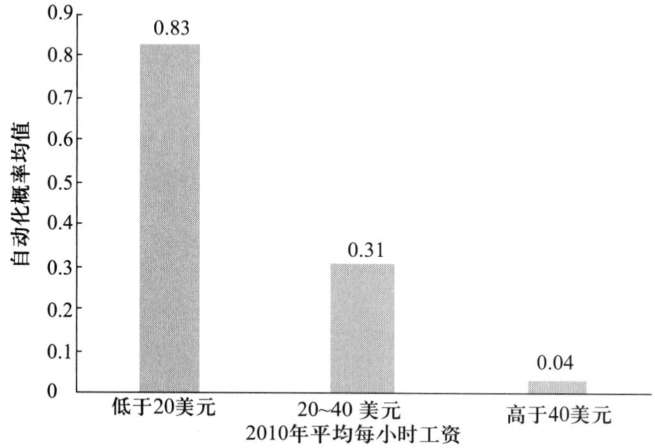

图 3　美国不同档次平均小时工资的职业实行自动化的可能性

(来源:白宫经济顾问委员会,2016)

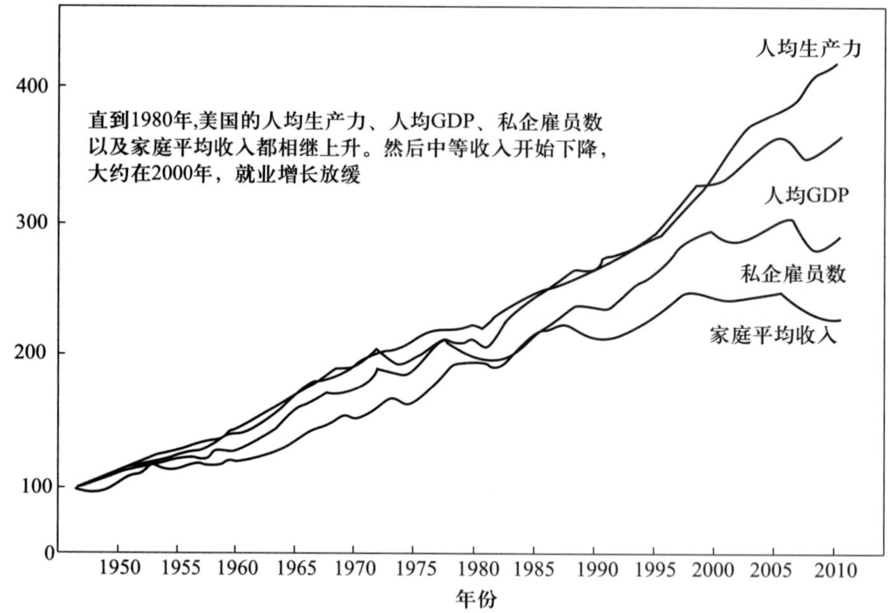

图 4　20 世纪 80 年代以来美国人均生产力、人均 GDP、私企雇员数、家庭平均收入变化

资料来源:BRYNJOLFSSON E, MCAFEE A. Why the middle class is shrinking. Harvard Business Review. 2015

那么,教育应如何满足关键利益相关者的需求?学生求知、企业求才、国家人力资源建设战略,都不约而同地都指向了职场的需求,所以必须要大力发展面向职场的专业教育。

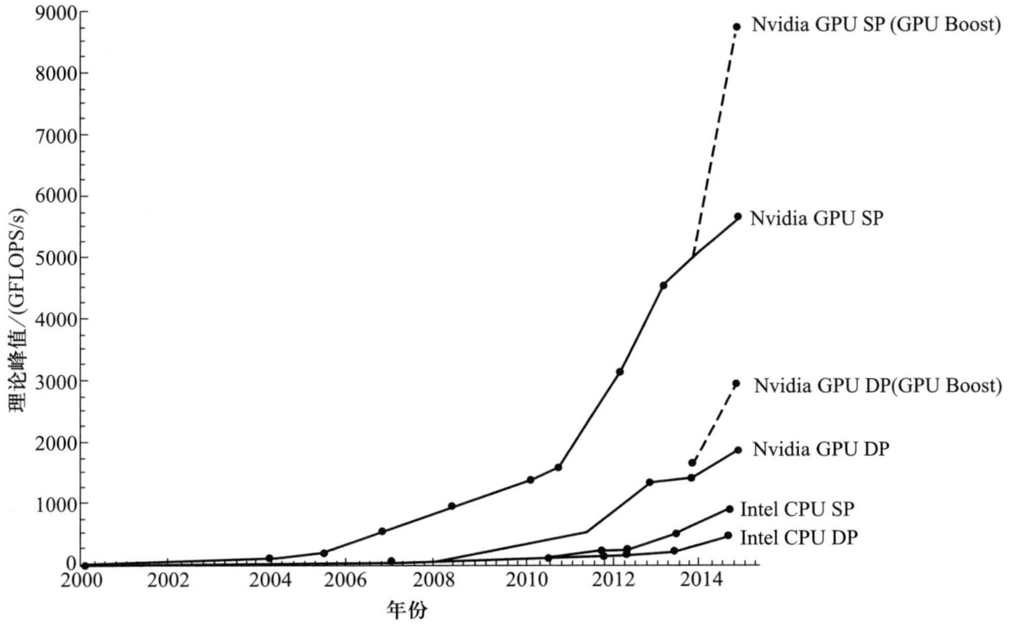

图 5　自 2000 年电脑计算能力发展走势(不包括 TPU)

资料来源:GALLOY M. GPU vs. CPU performance data. 2013

这里用工程职场和工程教育各个层次进行比较,来说明什么是面向职场的专业教育。工程职场专业人才范围非常宽泛,从初级的技术工人、技术员一直到技术师、工程师。对于工程师,从工艺工程师、服务工程师、设计工程师、系统工程师、研发工程师一直到工程科学的研究者和教育者。传统地一般会认为,技工、技师、技术员、技术师所接受的教育是职业教育(vocational education),工艺/服务/设计工程师、研发/系统工程师和工程科学研究教育者所接受的教育是专业教育(professional education),但是,广义的职业和专业教育涵盖了以上所有职场的从业人员教育,包括初等、中等和高等专业人才的培养,因为两者有很多共性和普遍性。来自 MIT 的数据显示,约有 80%的 MIT 本科毕业生无论最终学历是什么,都要进入职场做工程师,当然他们的工程师定位会比较高,如研发工程师等。在中国职场里,以学术研究为自己的工作内容、以学术成果作为自己的业绩的人大概小于 1%。每年有 700 多万进入到各种高等院校的人,最多只有 7 万人未来会从事学术工作。所以,这就给大家一个警示,要大力发展面向职场的以应用为导向的专业教育,而不能只用学术指标来牵引。关于“Academic”这个英文词,有两个含义:一个是“学者、学问、学术”,另一个含义就是“空谈、纸上谈兵”。在不同的语境下,这个词可以解释为完全相反的意思,也提醒我们在办各种事业特别是做各种专业教育的时候一定要强调语境。

每种层次和内容的专业教育都有其个性与特殊性,可是也一定存在共性和普遍性，它们包括：面向职场的需求（需求驱动）、产学合作的办学机制、基于职业性的专业教育、素质教育和专业教育的统一、理论和实践的统一、教育的前瞻性和以学生为中心基于项目的学习过程。特别是教育的前瞻性。刚才我们看到 IT 的发展对整个职场的冲击和影响作用是非常大的，现在入学的学生要在 3～5 年以后才能进入职场，而未来职场的需求与现在的需求会非常不同。所以，无论哪种教育都需要具有前瞻性，面向未来职场的需求。

图 6 为我们提出的面向职场教育的五层模型：最上面一层是 UNESCO 提出的四个支柱的普适性教育目标；第二层是 5E 目标（创新、创业、培育、适应、责任）驱动的工程教育模式；第三层是改革的战略，包括国际化、“做中学”和产学合作；第四层显示了每一种战略在国内外行之有效的模式，比如国际化的《华盛顿协议》《悉尼协议》《都柏林协议》，CDIO 的 12 个标准和产学合作教育的模式等；最下面一层是学习过程，包括以学生为中心的、基于项目团队合作的主动学习以及利用信息技术等。

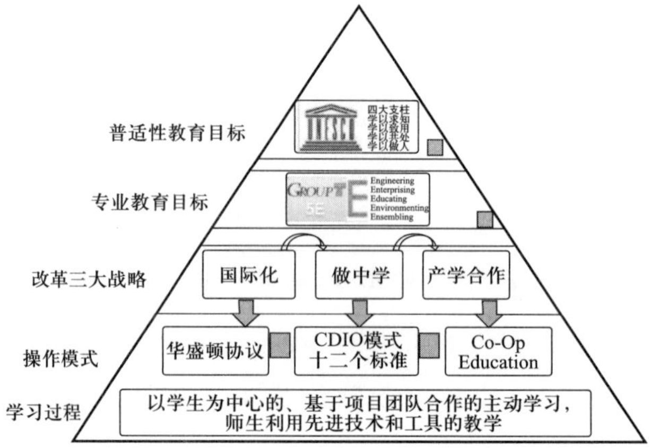

图 6　工程教育五层模型

我们要开展面对统一人力资源市场的专业教育，因为不管是普通教育体系、职业教育体系，还是继续教育体系，最后的结果都是面对同样的人力资源市场，只是针对的人才层次和类型不同，所以我们不能把职业教育和普通教育割裂开来。

从 20 世纪 90 年代末到现在，全球有 120 多个国家都相继建立了“国家资格框架”（National Qualification Framework），就是要把专业教育直接对接职场。例如 2007 年欧盟启动实施“欧洲资格框架”，把非正规教育、正规教育（技工教育、职业技术教育、普通教育）纳入面向统一职场的框架，将职场资格/资质、人才标准、资格证书和各层次教育对应起来，成为面向职场人才目标的专业教育体系。八级资格水平是欧洲资格框架对于职场人才的划分，每一级资格水平均从知识、技能和能力三个维度进行描述，并对与该级资格水平相关的学习结果进行界定。在从低到高的八级资格水平中，前四级与技工、技师教育和中职、中专教育相关，后面四级与大专、高职教育、本科教育、硕士和博士教育相关，这样就非常明确具体地把专业教育和职场的需求对接起来。

过去 20 年，中国的高等教育在教育部主导下有两大示范工程：一是 37 所国家级示范性软件学院，是建立在“985”“211”学校的本科和硕士层次的只有软件工程；二是 109 所国家示范高职学院，是建立在大专层次的涵盖所有专业。这两大示范工程取得的成绩已经充分说明，面向职场专业教育的生命力和优势，应该向所有层次、所有内容的专业教育进行推广和示范。

“中国制造 2025”，这是工程教育一个非常重要的语境，我们的人才、人力资源要满足“中国制造 2025”的战略需要，要以“改革教育、立足培养”为主，以“开放国界、吸引人才”为辅，中国的人才必须依靠自己培养，建议成立跨部委的“国家制造人力资源建设发展委员会”，举国来考虑和实施专业人才的培养，仅靠教育部的力量是不够的，工业和信息化部、中国工程院、中国科学院、人力资源和社会保障部、教育部、产业界等要联合起来，统一方针政策，进行资源分配，开展产学合作。还应建立国家制造人才资格框架（NQF），统一标准，并在产学合作、“做中学”和国际化的战略下，面向职场需求加强建设各层次制造专业人才培养机构（技工技师、中职中专、高职高专、本科，研究生），分层管理指导，职场驱动、应用导向。

杜威先生说，用昨天的方法教今天的孩子，我们就会剥夺他们的明天。在教育语境中，“学生”是一个非常重要的因素。我们现在对学生的研究还远远不够，他们与 10 年前、20 年前、50 年前、100 年前的学生是完全不一样的。

我们还要研究社会的需求。美国工程院前院长 William A. Wulf 曾指出，“我们的社会依赖于工程师们创造的技术。工程技术的改变如此迅猛，我坚信工程教育必须改变得更加迅速才能保持我们生存的质量。”

学生情况和社会需求都是专业教育语境不可忽视的部分，所以我们必须大力研究专业教育的语境，要不间断进行专业教育的改革、改进，使它能够满足利益相关者的需要。

联合国教科文组织国际工程教育中心主任吴启迪做大会总结

各位委员、各位来宾：

这两天召开了联合国教科文组织国际工程教育中心理事会和顾问委员会第一次会议，接着又举行了一天半的工程教育论坛，我个人认为非常成功。

大家知道，2015 年 11 月由中国工程院和清华大学联合申请的国际工程教育中心在联合国教科文组织第 38 届成员国大会上被正式批准设立。2016 年 6 月，联合国教科文组织国际工程教育中心的签约和揭牌仪式在北京举行，当时中国工程院院长周济和 UNESCO 总干事博科娃分别代表中国政府和联合国教科文组织签署协议。昨天国际工程教育中心理事会和顾问委员会召开了第一次会议，我们相信国际工程教育中心将发挥更加大的作用，为中国工程教育和全球工程教育的发展做出更大的贡献。

出席本次论坛的有联合国教科文组织、世界工程组织联合会、国际工程教育学会联盟、欧洲工程教育学会、非洲工程教育学会、美国工程院、日本工程院、南非工程院等知名教育专家和国际组织代表，中国工程院、教育部的领导，企业代表和高校师生也参加了这次会议，具有很好代表性和广泛性。

在本次论坛上，来自国内外的 17 位嘉宾做了精彩和富有启发性的报告，围绕全球化背景下工程教育面临的机遇、挑战，工程教育的新变革，工程教育与可持续发展，全球工程能力建设，工程人才培养的理论及实践等核心问题进行了热烈讨论，针对工程教育的变革和发展各抒己见。通过大会的发言，我们进一步认识到工程科技对于经济增长、社会发展的作用是决定性的，是否有足够的合格工程师，影响着一个国家的科技和经济发展水平。随着中国教育现代化建设和联合国战略目标的逐步实施，工程教育如何面向工业、面向世界、面向未来是一个需要大家思考的问题。

在这次大会中，特别列入了面向可持续发展的工程能力建设专题，对工程能力的含义和能力建设的具体路径进行了讨论。介绍了联合国教科文组织为推动工程发展而开展的工程研究项目，将进一步从可持续性的角度迎接工程能力建设面临的挑战。大家还对工程建设改进的动因、改进的原则和政策建议都提出了自己的建议,这些报告都具有非常积极的意义。同时,这次大会上各位国际专家对中国工程教育的发展给予了充分的肯定,我们非常感谢,也希望今后能得到各位更多的支持。

中国工程教育要坚持走中国特色新型工业化的道路,要培养能够适应和支撑产业发展的创新型的工程人才及具有国际竞争力的工程技术人才。工程科技的发展必须与世界发展同步,工程教育改革必须及时应对挑战。今后,国际工程教育中心将继续努力,在推动中国工程教育发展和全球工程发展上做出新的贡献。

国际工程教育中心今后主要开展以下四方面的工作:第一,开展相关数据的收集,帮助工程教育研究者开展深度研究;第二,和联合国教科文组织共同开展工程能力建设的研究,并撰写能力建设报告;第三,与非洲国家共同举办远程工程教育;第四,加强各种类型的培训,包括和铁道总公司的合作。

我们相信国际工程教育中心不会辜负大家的希望,我们会为联合国教科文组织可持续发展 2030 年目标的实现、为国际工程教育和中国工程教育的发展做出自己的贡献。

最后,在这里感谢各位来宾的出席,感谢你们的参与,感谢各位报告人的杰出贡献,也感谢大会工作人员的辛勤工作。本次论坛圆满结束,谢谢大家!

Part Ⅰ

Overview of the Forum

Engineering Education and Engineering Capacity Building for the Future

—"The 2017 International Forum on Engineering Education" Summary

ZHANG Man, QIAO Weifeng, XU Lihui

International Centre for Engineering Education

Abstract: The 2017 International Forum on Engineering Education jointly sponsored by Chinese Academy of Engineering and Tsinghua University and undertaken by the International Center for Engineering Education (ICEE) under the auspices of UNESCO was held at Tsinghua University on May 22 – 23, 2017. The Forum focused on the practice of and exploration into engineering education. relevant opportunities and challenges, latest reforms and sustainable development as well as global engineering capacity building against a general background of globalization. Chinese and overseas experts from a range of fields discussed such issues and exchanged their insights. This article tries to recapitulate their main viewpoints.

Key words: globalization; engineering education; engineering capacity building; sustainable development

The quality of the education and cultivation of engineering talent is an important influencing factor for the competitiveness of a country in engineering technology. In order to better cultivate engineering talent for future development and improve engineering education in China, the 2017 International Forum on Engineering Education jointly sponsored by Chinese Academy of Engineering and Tsinghua University and undertaken by the International Center for Engineering Education (ICEE) under the auspices of UNESCO was held at Tsinghua University on May 22–23, 2017.

The members of the ICEE Governing Board & Advisory Board, consisting of experts, scholars, and big names from fields in relation to engineering education, represent a wide range of backgrounds, including the UNESCO, the WFEO (World Federation of Engineering Organizations), the IFEES (International Federation of Engineering Education Societies), the SEFI (European Society for Engineering Education), the AEEA (African Engineering Education Association), the NAE (National Academy of Engineering of America), the EAJ (Engineering Academy of Japan), the SAAE (South African Academy of Engineering), the CAE (Chinese Academy of Engineering), the MIT (Massachusetts Institute of Technology), as well as Chinese institutions such as the Ministry of Education, the Ministry of Human Resources and Social Security, the CAE (Chinese Academy of Engineering), the CAHE (China Association of Higher Education), Tsinghua University, NKU (Nankai Universtiy) and BJTU (Beijing Jiaotong University)

The opening ceremony & appointment ceremony were moderated by WU Qidi (the Executive Director of International Centre for Engineering Education and the former Vice Minister of Education). The ceremonies were graced and addressed by ZHOU Ji (the President of CAE), YANG Bin (the Vice President of Tsinghua University), Marielza Oliveira (the Director of the UNESCO office in Beijing) and Jorge Spitalnik (the President of WFEO).

ZHOU Ji noted in his address that "Engineering science & technology plays a decisive role in economic growth and social development. The adequacy of qualified engineers dictates the sci-tech and economic levels of a nation. We need to give our thoughts to how to orient engineering education around the industry, the world, and the future, as the modernization drive and the 'Belt and Road' Initiative unfold on a step-by-step basis. China's engineering education should follow a new industrialization path taking on Chinese characteristics, so as to cultivate innovative engineering talents that can adapt to and support industrial development, as well as globally competitive engineering technicians."

"Engineering science & technology is associated closely with the development of the world, as is the future of engineering education with that of the world," said YANG Bin in his address. "We must reform engineering education in a way that allows us to promptly address pressing challenges and cultivate such engineering talents as accommodating the need of our era. To realize the goal of sustainable development, we should feature engineering ethics prominently in engineering education, highlighting the instilment of students' sense of responsibility. Meanwhile, engineering education should position itself for future, innovation, and practice. I am hopeful that the ICEE will play a positive role and share Chinese experience in engineering education with the world, thereby promoting sustainable engineering education worldwide," expressed YANG Bin.

"Engineering science & technology serves as a major driver for the development of society, economy, and human being", said Marielza Oliveira in her speech. "Over the past few years, China has made remarkable achievements in engineering education. To produce top-notch engineering technicians, the government and companies need to invest in engineering education on an ongoing basis, and intensify their educational training programs. This forum comes at the right time as we need to examine the future of engineering education from diverse prospects, thus contributing to the achievement of the UNESCO Sustainable Development 2030 goals," Marielza Oliveira noted.

"While performing their professional duties, engineers need to take into account the general social background, and apply the mode of critical thinking," said Jorge Spitalnik in his speech. "An excellent engineer must follow certain moral standards. He or she must be equipped with adequate engineering knowledge, and have his or her competence professionally certified. These activities demand concerted efforts from the entire engineering certification department or relevant national authorities to ensure the qualification and professionalism of engineers, and ensure that they achieve unified standards and high quality while working around the globe before they win recognition from international organizations," he said.

Following the Opening Ceremony, the experts from home and abroad carried out extensive and heated discussions on such core issues as "Practice of and Exploration into Engineering Education", "Opportunities and Challenges for Engineering Education against the Background of Globalization", "Latest Reforms of Engineering Education", "Engineering Education and Sustainable Development", and "Global Engineering Capacity Building", etc. They expressed opinions on the reform and development of engineering education and envisaged the future of it.

WU Qidi, TIAN Hongqi (the former Vice President of CAE), YU Shouwen (the former Vice President of Tsinghua University), QU Zhenyuan (the President of CAHE), and CHA Jianzhong (UNESCO Chair on Cooperation between Higher Engineering Education and Industries) acted as moderators for different stages of the forum.

I. Practical experience and exploration of international engineering education: Experience and practice

Prof. Edward Crawley from MIT introduced empirical practices for the innovative project NEET employing new systems and new measures amongst MIT's new reforms of engineering education. The first principle is that, we should perceive our invented technology, the 21st century, and our future with a forward-looking vision. According to him, our education should be able to equip students with the knowledge and capabilities required for inventing new machines and developing new systems in the new century. The second principle is that, we should help our students to prepare themselves to be makers, discoverers or on the spectrum, and we should teach engineering fundamentals as a foundation of careers both in research and practice. The third principle is that, we should learn pedagogy to support how our students learn. We should build our education around the way our students best learn, and champion digital education—because informatization represents the trend of future education. The fourth principle is that, in view of the speed of scientific and technological development, we should teach students how to think, and how to learn by themselves. We should be teaching students the way of thinking instead of the knowledge they need to learn. There are 11 learning methods or ways of thinking to be mastered by engineering students, such as practical thinking, discovery thinking, individual thinking, interpersonal thinking, systematic thinking and creative thinking, etc. At present, universities typically center around subject as the main educational form, using subject to build their curricular system. NEET has developed a project-centric curricular system. All projects are well designed and linked with one another, in an attempt to guide students gradually. As the NEET program unfolds, there will be collaboration among different disciplines, departments, schools, or universities. Within the mechanism, even new departments and schools are likely to be established.

Hans J. Hoyer, the Secretary General of IFEES, introduced the general condition, the development, the mission and the vision of IFEES and Global Engineering Deans Council (GEDC) and enumerated the projects and activities carried out by the two organizations in an effort to promote the development of global engineering education, including providing resources, holding forums, implementing MOOC projects, carrying out accreditation programs for engineering education and teaching qualifications, establishing global leagues of students and setting up awards on engineering education, etc. He pointed out that against the backdrop of economic globalization, it is imperative to facilitate cooperation and dialogues among governments, educational institutions and industrial enterprises and promote liaison among them on various aspects. In addition, with the reform and evolution of engineering education, it is also necessary to pay attention to cultivating interdisciplinary learning capabilities of students and such soft skills as commercial awareness and social awareness in them while ensuring the quality of education with engineering certification.

YANG Bin, reviewed the development process of professional engineering degree education in China for the past 20 years, its current status and practical exploration in an effort to promote its development. He pointed out that the 40 engineering fields of engineering master education and the specialties conferring engineering master degrees in different institutions of higher learning have now covered the main industries in China, spanning the whole industry chain. The total enrollment for engineering master education has exceeded 1.4 million, and over 800 000 students have been conferred engineering master degrees. Engineering professional degree postgraduate education has become an important channel for the cultivation and supply of high-level, composite and application-oriented talent in engineering and technology. The Committee's work roughly includes the following nine aspects, namely working out standards, curriculum construction, practical education, ethical education, quality assessment, educational accreditation, excellence rating and awards, academic exchange and seminars, and project research. Of them, the cultivation of social responsibility and engineering ethics in students are especially noteworthy. For future development of engineering education, the following three aspects need to be noted. First, engineering education should be coupled with startup practice. We need to cultivate the sense of innovation and entrepreneurial competence in students, which are very important for postgraduates pursuing professional degrees. Second, engineering education should adapt itself to the globalization tendency of engineering construction. The "Belt and Road" Initiative means that future engineering projects will require talent with a global vision and capabilities of solving international affairs. Third, sustainable development should be emphasized in engineering education.

For the past 10 years, the rapid development of high-speed railway in China has aroused worldwide attention, which would have been impossible without the support from a great pool of high-quality talent for high-speed railway. ZHU Kefei, the President of Railway Technology Research College, China Academy of Railway Sciences(CARS), gave an overview of the practical experience of China in its cultivation of talent for high-speed railway. Based on CARS and railway related design institutes, we cooperate with enterprises and universities to conduct innovative cultivation of high-caliber engineering talent by offering degree courses to engineering designers and technical innovators and offering short-term study to technicians and senior technicians, etc. Under the guidance of China Railway Corporation, CARS, the Continuing Education Base for New and High-tech for Railways and other entities conduct demonstration training and continuing education for professionalism improvement for management and technical personnel throughout the railway sector. In the meantime, railway administrations under China Railway Corporation regularly hold basic workshops on technical expertise and business for all types of railway occupations in order to strengthen knowledge update and continuing education of their professional technicians. CARS and the National Railway Administration work together on the research into standardized driving simulation exam and conduct driving training programs as well as position qualification training programs for major driving work types of high-speed railways.

Prof. Funso Falade, the President of AEEA, delivered a report titled "Look into the Future: Development of Engineering Education in Africa", which served as a detailed introduction to the current status of engineering education in Africa. According to him, the development of engineering education is facing some challenges in Africa. These challenges are almost identical across the African nations and they include: inadequate funding, adoption of traditional pedagogy, inadequate infrastructure and facilities both quantitatively and qualitatively at the training institutions, inadequate human capital, poor staff training and retention profile, defective curricula and weak university/industry partnership. As for the future engineering practice in Africa, financial resources will be mainly directed at innovation, startups and such steps as enhancing standards for all engineering disciplines, with the possibility of focusing more on energy resources, transportation, water, food safety, housing, health, sustainable development and globalization, etc. At the same time, he expressed his great gratitude to China for its continuous support to the development of engineering education in Africa, which he believed has greatly strengthened Sino-African relations.

II. Future Challenges and Reforms of International Engineering Education: Thoughts and Proposals

C. D. Mote, the President of NAE, introduced the Grand Challenges Scholars Program (GCSP) that the US has initiated to address engineering challenges in the 21st century. In 2008, NAE put forward a vision that engineering is to serve everyone on earth in the 21st century—"continuation of life on the planet, making our world more sustainable, safe, healthy, and joyful". Meanwhile, he also enumerated 14 grand engineering challenges for human society in the 21st century, including making solar energy affordable, providing energy from fusion, developing carbon sequestration methods, managing the nitrogen cycle, providing access to clean water, restoring and improving urban infrastructure, advancing health informatics, engineering better medicines, and reverse-engineering the brain, etc. To cope with these 14 grand engineering challenges, some engineering universities in the US implemented a new strategy for the cultivation of outstanding engineering talent called "Grand Challenges Scholars Program" (GCSP), which bridges national programs and global programs and aims at cultivating future-oriented engineers with innovative intercultural and interdisciplinary capabilities in serving the public and society. The strategy pays attention to the cultivation of these abilities: research/innovation ability, multicultural understanding, interdisciplinary competence, business/entrepreneurship, social consciousness. Up to now, over 40 US universities have launched the GCSP, and some universities in other countries in the world have also established or are planning their GCSP. The number of universities participating in the program throughout the world is growing. In addition, the program has also been extended into K-12 curricula throughout the US.

WU Yan, the Director of Higher Education Department of the Ministry of Education gave an introduction to the reform and development of engineering education in China from three perspectives, namely current status, the situation and challenges as well as new thinking about future development. He pointed out that the world's largest supply system for engineering education has been formed in China, with clear-cut layers, diversified forms, complete specialties and reasonable regional distribution. Rich experience in reform and development of engineering education has been accumulated. In face of the new situation and new requirements, the Chinese engineering educators are faced with five challenges: first, the forward-thinking and strategic overall planning is insufficient; second, the structural surplus and shortage co-exist at the supply-side; third, the dynamic program adjustment mechanisms remain to be improved urgently; fourth, the "last mile" for quality improvement has yet to be meaningfully executed; and fifth, the quality assessment and examination fail to be conducted adequately. He states, the Chinese engineering education system should embody the concept of "three first-rates": first-rate undergraduate, first-rate programs, and first-rate talent. We should establish the three ideas of "student-centric, outcome-based, and constant quality improvement" for engineering education certification and cultivation of engineering talent. We should implement the "2. 0 Version of Excellent Engineers Cultivation Program", conduct the industry-university collaborative education program, and meaningfully carry out the Chinese College Students "Internet +" Innovation and Entrepreneurship Competition. We should set a new standard for assuring the quality of higher education based on the standard framework of "five how-far" (how far the cultivation goals are achieved; how far does it meet social needs; how far the teacher and teaching resources are guaranteed; how far the teaching and quality assurance system is operating effectively; and how far the students and employers are satisfied). Meanwhile, we ought to establish new mechanisms for restructuring, collaborative education programs, and for cross cultivation. We should promote deep integration of modern IT with education and teaching. In addition, we should build a world-class quality assurance system for higher education that takes on Chinese characteristics.

Mr. Yashin Brijmohan, the Vice President of WFEO, delivered a keynote speech titled "Global Engineering Capacity Building". First of all, they must acquire some basic knowledge including math science and language, as engineers need to possess a solid academic foundation. Plus, they need to show their love for human, for our natural environment, and their passion for the humanity. Universities must take this issue seriously and put a high value on the two key factors before and after teaching activities—only in this way can we drastically improve the effectiveness of learning and training. A shortage and a surplus of professional talent co-exist in the market. As such, better planning must be in place at the policy or strategic level before we can produce engineers that will satisfy market demand. When it comes to cooperation with the developing world, Africa offers significant development opportunities. We must reconcile the relationship between morality and technological development. Mr. Yashin emphasized we should justifiably integrate human values into technological development, especially morality issues.

Ms. Lueny Morell, the former President of IFEES, gave a report titled "The 4th Industrial Revolution: Is Engineering Education Ready?" She pointed out that the 4th Industrial Revolution has transformed man himself and the way he behaves, and has extended his cognitive limits and brought about lots of changes to governmental, commercial and educational activities. The first fallout of the 4th Industrial Revolution is the challenge of the shortage of human resources. Undoubtedly, we need comprehensive, interdisciplinary and innovative talent in engineering technology to promote the 4th Industrial Revolution. In order to cope with the 4th Industrial Revolution, we need a flexible curricular setup when developing engineering courses. We can follow the following 5 steps in reforming engineering curriculum—defining outcomes, devising the learning process, analyzing and assessing outcomes, sharing outcomes and making decisions to improve. Prof. Lueny thinks the 4th Industrial Revolution require competencies for engineers including: ① knowledge, such as intelligent robots, automated transportation, and artificial intelligence (AI), etc.; ② skills and attitudes. Students need to possess abilities for complex problem reasoning, critical thinking abilities, creativity, people management abilities as well as organizing and coordinating abilities, etc. Besides, teamwork, ethics and social responsibilities are always important, and students should remember them all their lives. Plus, we need to involve all stakeholders, from the public and private sectors to academia and civil society. Industry is especially important, for it is industry that tests the outcome of talent cultivation at last.

CHA Jianzhong, the UNESCO Chair on Cooperation between Higher Engineering Education and Industries, gave a report titled "Engineering Education Context Oriented to Future Workplace", analyzing such issues as severe absence of data on the demand for industrial engineering talent faced by the structural reform on the supply side of the human resources market based on detailed data, overcapacity for low-quality supply and under-capacity for high-quality supply in the human resources market, unbalanced orientation of the allocation of educational resources and assessment systems in academics and the job market, and disengagement between institutions of professional education and the society and industries, etc. According to him, it is imperative to develop professional education oriented to the job market and put forward a five-layer pyramid model, with the topmost layer being the four pillars of education proposed by UNESCO as universal educational targets, the second layer being the 5E-driven mode of engineering education (5E means Engineering, Enterprising, Educating, Environmenting and Ensembling), the third layer being the strategies for reform, including globalization, industry-academy cooperation and "learning in practice", the four layer showing effective modes of each strategy at home and abroad, for instance, the Washington Accord, the Sydney Accord, the Dublin Accord, the 12 CDIO standards and the mode of industry-academy cooperation, etc. The bottom layer is about the learning process, including student-concentric, proactive project-based learning, and using information technology, etc. Prof. CHA proposed setting up a "national committee on the construction and development of manufacturing human resources" with the involvement of multiple ministries to implement professional talent cultivation all over the country; a national manufacturing talent qualification framework is also to be created, and under the "learning in practice", industry-academy cooperation and globalization strategies, manufacturing talent cultivation institutions of various levels oriented at job market demands are to be established, with tiered management, driven by the job market and oriented at application.

III. Core content and cultivation of international engineering education: Capacity building and sustainability

Rovani Sigmoney, an expert from a UNESCO Natural Science Program, introduced the effort UNESCO made to promote global engineering capacity building, the UN Millennium Development Goals (MDGs) and the achievements made, the reasons for setting Sustainable Development Goals (SDGs) and concrete objectives, and gave a detailed analysis of the importance of engineering for the realization of almost all SDGs. Innovative engineering technologies have a close bearing on terminating poverty and realizing the goals on agriculture, medical care and a safe hygiene system, etc. Prof. Rovani Sigmoney believes the education and training of future engineers is necessary to develop innovative solutions to these challenges and to improve the quality of life for all.

GONG Ke, the President of Nankai University and the Vice President of WFEO, analyzed the multifaceted requirements for the cultivation of engineers from the perspective of sustainable development. According to him, sustainable development places a higher demand on the ethics and behavior of engineers. In addition to technology, engineers should also pay attention to people and ecological environment and meet the requirements of sustainable development. Sustainable development places a higher demand on the sustainability awareness of engineers. Engineers are supposed to be responsible for not merely technical performance and specifications, but also for the sustainability of the human society. Sustainable development places a higher demand for engineers to pay attention to and understand social issues, and a higher demand on their ability to learn and cooperate as well as to use information and communication technology. Engineers should be able to use technologies such as the Internet, big data, and artificial intelligence. In addition, sustainable development places a higher demand on engineers' ability to innovate. As engineers, they should embrace innovations, taking into full account environmental, social, economic, and other factors, and should protect the ecological environment through constant innovations. He indicates that in order to improve the sustainable development capacity of engineers, we should, first of all, build a global engineering sustainability framework; second, we should build an evaluation framework for sustainability and establish a global cooperative network to promote engineering sustainability. Particularly, we should expand cooperation with Africa.

The topic of the report delivered by Hideaki Koizumi, the Executive Vice President of EAJ and also a foreign academician of CAE, is "Brain-Science-Based Education for Nurturing Creativity". He believes that in engineering capacity building, it is important to cultivate creativity and sensitivity to science since childhood. He also defined the concept of the "scientific brain". The "scientific brain" is a sensitive brain which keeps its curiosity about nature; it is an open brain that can accept truth and will not traverse it instead; and it is an honest brain without any bias. Besides, it should understand that every form of life in nature has its value; it can accept and respect diversity, and can think in other people's place. In the end, Prof. Koizumi gave very helpful advice on how to cultivate the "scientific brain". What is crucial is that teachers should learn science first and then guide the students' learning through playing. Learning from nature is especially important. Nature is the basis of science, and careful observation of it is very important. Education should focus on the cultivation of feelings in children in order for them to better utilize knowledge and skills to bring benefit to the society.

Brian Figaji, the former representative of South Africa on the Executive Board of UNESCO and member of SAAE, gave a detailed analysis of the importance of political will in promoting engineering capacity building in his report titled "Engineers in Politics: Is this a necessary condition for more effective capacity building?" He thinks engineering is vital for the proper functioning of every sphere of government. As a politician he also understood the critical role that engineering plays in development. Engineers should get more directly involved in contesting for the positions of power so that we are able to positively influence the course of engineering capacity building for sustainable development. There seems to be three primary ways that engineers could ensure a voice in public policy making: ① stand for public office and get elected; ② ensure that the professional body is so well respected and recognized that it is regularly consulted on proposed legislation; ③ organize the body of engineers to endorse a candidate who promises to promote the engineering capacity building project.

Robert (Bob) Pullen, the former President of SAAE, analyzed the importance of building organizational capacity in engineering professions for sustainable development. He believes engineers system or institution construction is very important for sustainable development. Another important part consists of institution construction including universities and other organizations of higher education, professional organizations like associations, as well as legislative and regulatory bodies, governments at all levels, enterprises and the private sector, owners of infrastructure, important stakeholders. They are crucial aspects as well. Without external support, sustainable development would have been impossible.

Tony Marjoram, the former Head of Engineering, Division of Basic and Engineering Sciences at UNESCO, delivered a report titled "Modernizing Engineering Models, Metrics and Education for Capacity Building and Sustainability", in which he analyzed the new backgrounds and new requirements for constructing innovative models for new engineering education and for indicator systems for engineering science and technology. He pointed out that the new models to be constructed should incorporate the innovation systems of universities, the industry and the government while integrating social and technological backgrounds for innovative development. We need more practical outlooks on knowledge, application and innovation, and should stress the role of engineering in innovative development and recognize the close relationship between innovation and the solution to engineering problems. This model will also make young people more interested in learning engineering disciplines, increase enrollment of engineering students in colleges and universities and reduce the engineering brain drain. At last,

Prof. Marjoram reemphasized engineering as the core of policies aiming at the solution to the above issues on national and international levels. It is imperative to promote research on engineering, design better indicators, and create new engineering and innovation models to facilitate the development of engineering technology and problem-based engineering education and learning so as to improve the status and role of engineering universities in social and economic development.

Ms. Anette Kolmos, the Director of Aalborg Centre for Problem Based Learning in Engineering Science and Sustainability (UCPBL), delivered a report titled "Global Engineering Capacity Building for Sustainable Development". Through investigating into the integration of sustainability and engineering education at Aalborg University, the survey concluded that many faculties have not done the programs very well in integrating sustainable development. The report also compared the two different types of approaches and methods to integrate sustainable development into engineering education at Royal Melbourne Institute of Technology (RMIT) and Aalborg University. Prof. Anette states every school should examine its curriculum setup and project practice, etc. Are they heading for the realization of sustainable development goals? We need to formally implement sustainability into our courses and education. There are three strategies for changes to cope with the issue of sustainable development. The first is curriculum setup—to set up courses related to sustainable development. The second is integration strategy, which is also the systematic method of the CDIO engineering education mode. The third is the reconstruction strategy, which is the reconstruction work for the integration. We need integration of a higher degree to combine sustainability and problem-based learning (PBL) to integrate these concepts into a project, and there should be collaboration and coordination among different disciplines and topics.

Finally, ICEE Director WU Qidi made a summary of the forum on the basis of the heated discussions among the representatives. She concluded, through these speeches at the conference, we further understand that engineering technology has a decisive effect on economic growth and social development, and whether there are sufficient, qualified engineers will influence the levels of technology and economic development of a country. With gradual implementation of the modernization construction of education in China and the strategic goals of UN, it has become a common question for us to contemplate as to how engineering education is oriented at industry, the world and the future. ICEE will do the following four aspects of work: ① carrying out related data collection to help engineering educators with in-depth research; ② carrying out research on engineering competence building together with UNESCO and writing competence building reports; ③ carrying out remote engineering education with African countries; ④ strengthening all kinds of trainings.

The representatives believed that the forum was a great success, as they had in-depth discussions on such topics as practical experience in engineering education, future challenges and development as well as engineering capacity building at the forum. They hoped that ICEE could continue to function as an international platform for engineering education research, exchange and cooperation as well as talent cultivation.

Study on the Future International Engineering Education

—A Summary of Expert Interviews in 2017 International Engineering Education Forum

DING Ruoxi, QIAO Weifeng

Abstract: The paper summaries the experts interview home and abroad in the forum of the engineering ability construction oriented to engineering education in the future held from 22, May to 23, May in 2017. It discusses issues such as: the future direction of engineering education, new technology innovation and engineering education mode innovation, engineering education practice ability cultivation and so on.

Key words: engineering education; future development

Part Ⅱ

Guest Speaker, Host and Reporter Introduction

Introduction of Guest Speaker

ZHOU Ji Prof. ZHOU is a mechanical engineering specialist, a professor in Huazhong University of Science and Technology (HUST), and also a member of Chinese Academy of Engineering (CAE). He is the President of CAE. Dr. ZHOU successively served the posts as President of HUST, Director-General of Hubei Provincial Department of Science and Technology, Mayor of Wuhan city, and Minister of Education.

YANG Bin Prof. YANG is the Vice President and the Provost of Tsinghua University, and the Chairman of Tsinghua University Education Foundation. Mr. YANG is a professor of Business Administration, Ph. D. in Management Science. He is the Vice Chairman of Association of Chinese Graduate Education, and Deputy Director of China National Engineering Education Supervisory Committee.

Marielza Oliveira Dr. Oliveira is currently the Director of the UNESCO Office in Beijing. She successively served the posts as a UNESCO Programme Officer in charge of Governance projects, Senior Programme Advisor with the UNDP Regional Bureau for Latin America and the Caribbean based in New York (USA), and Manager of the Performance Monitoring and Analytics Team UNDP Executive Office. Dr. Oliveira concomitantly acted as Chair of the UN Strategic Planning Network and Observer to the Inter-Agency Expert Group on Indicators for the Sustainable Development Goals.

Jorge Spitalnik He is the President of WFEO. He is currently member of FEBRAE Executive Council, Chair of the WFEO-UN Relations Committee, member of the Board of Directors of the American Nuclear Society, Member of the Executive Committee of the Latin American Section of the American Nuclear Society (LAS/ANS), and Executive Director of UPADI.

Introduction of Host

WU Qidi Dr. WU is Executive Director of International Centre for Engineering Education. She served as Vice Minister of Education, President of Tongji University, and Member of the Standing Committee of National People's Congress. She was Representative of the 15th and 16th CPC National Congress and Alternate Member of the 16th Central Committee.

TIAN Hongqi Prof. TIAN, a railway transport engineering expert, is the former Vice President of CAE. She is a professor at Central South University and a member of the National Committee of 11th and 12th Chinese People's Political Consultative Conference (CPPCC).

YU Shouwen He is a professor at Tsinghua University. He was the President of the International Congress of Fracture (ICF, 2013-2017). He was former Vice-President of Tsinghua University and former Vice President of IFEES (2008-2012). He received IFEES President's Award for "Excellence in Global Engineering Education" in 2012.

QU Zhenyuan He is the President of China Association of Higher Education. He was the member of the 10th and 11th National Committee of the Chinese People's Political Consultative Conference. Before working at CAHE, Mr. QU was appointed as Chairperson of University Council of China Agricultural University.

CHA Jianzhong Dr. CHA is a professor of Beijing Jiaotong University (BJTU), the Chair holder and Chairman of the Board of Directors, UNESCO Chair on Cooperation between Higher Engineering Education and Industries at BJTU (since 2005), and Vice Chairman of University-Industry Liaison Committee of BJTU. He was a Member of Governing Board of UNESCO Institute for IT in Education (since 2009), and a Member of Board of Directors of Group T International Engineering College of University of Leuven of Belgium (since 2003).

Introduction of Reporter

C. D. Mote He is president of the National Academy of Engineering and Regents' Professor on leave from the University of Maryland, College Park. Dr. Mote was elected to the Chinese Academy of Engineering in 2015. In 1998 Dr. Mote was recruited to the presidency of the University of Maryland, College Park, a position he held until 2010 when he was appointed Regents' Professor.

WU Yan Dr. WU is a professor of Education. He is now the Director of Higher Education Department of Ministry of Education. He successively served the posts as Director of Higher Education Evaluation Center of The Ministry of Education and Vice President of Beijing Academy of Educational Science.

YANG Bin Prof. YANG is the Vice President and the Provost of Tsinghua University, and Chairman of Tsinghua University Education Foundation. Mr. YANG is a professor of Business Administration, Ph. D. in Management Science. He is the Vice Chairman of Association of Chinese Graduate Education, and Deputy Director of China National Engineering Education Supervisory Committee.

Edward Crawley He is the Founding President of the Skolkovo Institute of Science and Technology (Skoltech) and the American Academy of Engineering. He was elected the Chinese Academy of Engineering in 2011. Professor Crawley has served as chairman of the NASA Technology and Commercialization Advisory Committee and as a member of the NASA Advisory Committee, the Presidential Advisory Committee on the Space Station Redesign. He was the Executive Director of the Cambridge-MIT Institute and head of the Department of Aeronautics and Astronautics at MIT. He was awarded the NASA Public Service Medal.

Hans J. Hoyer He is the Secretary General of the International Federation for Engineering Education Societies (IFEES), Executive Secretary of the Global Engineering Deans Council (GEDC), and Resident Scholar in Global Engineering at Marquette University. Former Director of International Programs and Strategy for the American Society for Engineering Education (ASEE) and co-founder of the Indo-US Collaborative for Engineering Education (IUCEE). Prior to 2006, Hans J. Hoyer was CEO of World Links, a spin-off of the World Bank.

Funso Falade Prof. Funso Falade was the founding President and the current President of the African Engineering Education Association (AEEA). He was Vice-President of International Federation of Engineering Education Societies (2008 – 2012). In 2010, he won the National Universities Commission (NUC) individual Award in Science and Technology (Research) at the 4th Edition of the Nigeria Universities Research and Development Fair.

Yashin Brijmohan Dr. Yashin Brijmohan is a Professional Engineer. He is currently appointed at Monash South Africa (Higher Education Institution based in South Africa) where he held the post of Head of Engineering, Information Technology and Design, and now recently appointed as Executive Dean of Business, Engineering, and Technology. His Currently the vice president of WFEO and the president of capacity building committee.

Rovani Sigmoney Ms. Rovani Sigamoney is a chemical engineer who joined UNESCO as a Young Professional in 2007. She then ran the Chemistry programme and was in charge of the International Year of Chemistry in 2011. Since 2011, she was responsible for UNESCO Engineering Initiative under the Assistant Director-General of Natural Sciences. In line with UNESCO's global priorities on Africa and Gender Equality, UNESCO Engineering (UE) focuses on women and the African region in the activities and programmes.

GONG Ke Prof. GONG is the President-elect of World Federation of Engineering Organizations (WFEO) and the Chair of its Committee on Information and Communication (CIC). He is also member of the Scientific Advisory Board (SAB) of Secretary-General of the United Nations. He became the President of Tianjin University in 2006 then the President of Nankai University in 2011–2017. He is a member of standing committee of the China Association for Science and Technology (CAST). Meanwhile, he is deputy to the 12th National People's Congress and the alternative member of the Eighteenth

Central Committee of the Communist Party of China(CPC).

Hideaki Koizumi He is Executive Vice President of the Engineering Academy of Japan (EAJ), Member of the Science Council of Japan (Cabinet Office), and Emeritus Fellow of Hitachi, Ltd. He is also Foreign Member of Chinese Academy of Engineering.

Brian Figaji Prof. Brian Figaji was the Principal and Vice-Chancellor of the Peninsula Technikon in Cape Town for a decade. He was the Vice-President of the Engineering Council of South Africa. He is a Fellow of the Academy of Engineers. In 2005, Prof. Figaji was appointed to represent South Africa on the Executive Board of UNESCO in Paris. He has also been appointed by the President to serve on the Advisory Board for National Orders.

Robert (Bob) Pullen Mr. Pullen is a Registered Professional Engineer. He was President of the Engineering Council of South Africa (ECSA) for 12 years. He is an Honorary Fellow of the SA Institution of Civil Engineering (SAICE), was a member of the SAICE Council from 1972 to 1995, and President in 1989. He is an Honorary Fellow of the SA Academy of Engineering where he was President from 2008 to 2016.

Tony Marjoram Dr. Tony Marjoram is a visiting Professor at the UNESCO Centre for Problem Based Learning in Engineering Science and Sustainability at Aalborg University. He is an Honorary Fellow at Melbourne University and the Manchester Institute of Innovation Research. He worked for UNESCO for 18 years and his achievements include production of the UNESCO Report "Engineering: Issues, Challenges and Opportunities for Development"—the first international report on engineering, and conception/management of the award-winning Daimler-UNESCO Mondialogo Engineering Award.

Anette Kolmos Prof. Anette Kolmos is the Director for the Aalborg Centre for Problem-Based Learning in Engineering Science and Sustainability. Her other portfolios include Associate Editor for the European Journal of Engineering Education and was Associated Editor for Journal of Engineering Education (ASEE) and President of the European Society for Engineering Education. She was awarded the IFEES Global Award for Excellence in Engineering Education in 2013.

Lueny Morell She is Founder and CEO of Lueny Morell& Associates and Director of InnovaHiEd. She is an IEEE Senior Member, an ASEE Fellow and ABET Program Evaluator and has received various awards for her work, including the prestigious US National Academy of Engineering Gordon Prize for innovations in engineering education in 2006. She is recognized as one of the Engineering Education Pioneers in the US in 2014, and certified International Engineering Educator (Ing.Paed) by IGIP.

ZHU Kefei She is President of Railway Technology Research College, China Academy of Railway Sciences. Mr. ZHU has long been doing research on innovating the organization and management of railway transportation. In recent year, he has been leading his team in the series of research topics around the globalization of Chinese high-speed railway. His research results have won 2 special prizes of the Technology Award sponsored by China Railway Society and 7 items of the Science and Technology Awards sponsored by China Academy of Railway Sciences.

CHA Jianzhong Dr. CHA is a professor of Beijing Jiaotong University (BJTU), the Chair holder and Chairman of the Board of Directors, UNESCO Chair on Cooperation between Higher Engineering Education and Industries at BJTU (since 2005), and Vice Chairman of University-Industry Liaison Committee of BJTU. He was a Member of Governing Board of UNESCO Institute for IT in Education (since 2009), and a Member of Board of Directors of Group T International Engineering College of University of Leuven of Belgium (since 2003).

Part Ⅲ

Opening Speech

Address by ZHOU Ji

Dear friends, ladies and gentlemen,

On this early summer day, the International Engineering Education Forum on Future-oriented Engineering Education and Engineering Capacity, which is hosted by the International Center for Engineering Education under the auspices of UNESCO, takes place at the beautiful campus of Tsinghua University. On behalf of the Chinese Academy of Engineering, I would like to extend my warmest congratulations to the forum.

At present, nations around the world are relying on scientific & technological innovation as the core engine that drives their economy forward. A wave of innovation and entrepreneurship is sweeting across the globe, emerging as a significant contributor to socio-economic growth. At the International Conference on Engineering Science and Technology held in 2014, Chinese President XI Jinping noted that: "Engineering Science and Technology connect scientific discoveries with industrial development in a more direct manner and emerge as a major driver of socio-economic development. Engineering scientific & technological innovation is driving the wheel of history to rotate rapidly, providing an inexhaustible source of power for the progress of human civilization. Each and every breakthrough in engineering science & technology has spurred and will spur profound transformations in social productivity, taking the human civilization up to a higher level." As demonstrated by the development experience of both China and other emerging countries, engineering science & technology play a decisive role in socio-economic growth.

The adequacy of qualified engineers dictates the scientific & technological and economic levels of a nation. Through unremitting endeavor over the past few decades, the Chinese engineering education is now standing at a new historical starting point. Currently, China boasts the world's largest scale of engineering education, with more than 40 million engineering talented individuals. Meanwhile, China ranks first worldwide in terms of the enrollment of engineering education and the quality of engineering education is improving steadily. The Chinese engineering education provides an important talent pipeline for China to build itself into a moderately prosperous society. We need to give our thoughts on how to orient engineering education around the industry, the world, and the future, as the modernization drives and "the Belt & Road Initiative" unfolds on a step-by-step basis. Given the trend of the modern industry towards globalization, we have reached a consensus that we need to cultivate a large number of high-caliber engineering talented individuals who are supposed to possess excellent comprehensive quality and solid expertise as well as strong capabilities in cross-culture cooperation and exchange.

With a view to optimizing the structure and improving the quality of engineering talent in higher education, the Chinese engineering education sector should follow a new industrialization path taking on Chinese characteristics, so as to cultivate innovative engineering talent that can adapt to and bolster industrial development, as well as to cultivate globally competitive engineering technicians. This places new demand for engineering education in terms of innovation capacity, humanistic quality, systematic thinking for problem-solving, among others. In response to these challenges, engineering education needs to actively accommodate itself to social and economic demand by embracing widespread reforms in its teaching idea, cultivation plan, curriculum arrangement, teaching evaluation, and other aspects. This Forum is graced by the presence of many globally influential experts and scholars, who will share with us their valuable insights into engineering education and engineering capacity building. I am convinced that their remarks will be sure to play a positive role in advancing the reform, development, and international exchange of the higher engineering education of China.

Dear friends, ladies and gentlemen, this morning, the ICEE Governing Board and Advisory Board held the first meeting and achieved productive and constructive results. ICEE will remain committed to the purpose and principle of UNESCO and conduct cooperation in engineering education across the globe, in an effort to propel the global engineering education sector into the future and let it benefit the mankind. I hope that this forum can serve as an exchange platform for international engineering education. It is my anticipation that the experience of the forum can benefit China and other nations, thus promote cooperation and development in the field of engineering education among nations around the world.

Finally, I want to congratulate on the success of the forum.

Address by YANG Bin

Distinguished President ZHOU Ji, representatives of the UNESCO, distinguished Vice Minister WU Qidi, ICEE Governing Board and Advisory Board members, ladies and gentlemen,

Good afternoon!

First of all, on behalf of Tsinghua University, I would like to send my congratulations on the opening of this International Engineering Education Forum. And I want to extend my warmest welcome to dear guests from home and abroad!

Engineering science & technology is associated closely with the development of the world, and the future of engineering education is connected closely with the future of the world. At the International Conference on Engineering Science and Technology held in 2014, Chinese President XI Jinping said that: "A major engineering science & technology breakthrough in any field has the potential to infuse fresh energy to the world and spark new industrial and social revolutions." On May 14, at the opening ceremony of the Belt and Road Forum for International Cooperation, XI Jinping noted that: "From the perspective of historical dimension, the human society is in an era of great development, great revolution, and great adjustments. World multipolarization, economic globalization, social informatization, and cultural diversification are gaining momentum; the megatrend of peace and development is rising; and the pace of reform and innovation is moving forward." In such an era, the demand for talent and education is undergoing profound changes.

In order to address challenges in the new era, countries across the world have issued their national strategies, such as Germany's "Industry 4.0", China's "Made in China 2025", and the Manufacturing Return of the United States. The new transformation of the manufacturing industry means reform in engineering education. It means that we must reform engineering education to promptly address pressing challenges and cultivate engineering talent that accommodates the needs of the era.

We need to think over the future of engineering education. The progress of engineering is associated closely with the development of human society. To realize the goal of sustainable development, we should feature engineering ethics prominently in engineering education, highlighting the instilment of students' sense of responsibility. Tsinghua University adheres to the development path of "being a world-class university that takes on Chinese characteristics and Tsinghua style". We have launched the comprehensive reform in higher education. The new talent cultivation model that features "value shaping, ability cultivation, and knowledge imparting" is being implemented. The cultivation of students' sense of social responsibility is highlighted in shaping their value.

We need to think over the future of engineering education. Engineering education should position itself for future, innovation, and practice. Although what engineering science & technology covered are all traditional disciplines, the engineering education sector has been practicing, creating, and applying the best-available methods. Based on constant practices, engineering education should highlight the cultivation of innovation awareness and innovation capacity. "An emphasis on solid foundation, intensive practices, and innovation" is the educational feature of Tsinghua University. Taking the safe utilization of nuclear energy as an instance, based on constant explorations and practices, we not only have physically eliminated the path for the occurrence of major nuclear accidents, but also built the world´s first commercialized demonstration project of the fourth-generation nuclear power.

At present, engineering education is trending increasingly towards internationalization. More and more students from the developing world are going to educationally develop nations for engineering education. Globalization and internationalized development of technology have had profound influences on engineering education. In the future, engineering education will be further internationalized. Pursuing international cooperation in education represents a significant part of the new century strategy of Tsinghua University. Tsinghua will be more innovative, more internationalized, and more humanistic on its way to welcome its 200th anniversary. To date, we have signed university-level student exchange agreements with over 100 universities in the world and have conducted more than 30 international dual-degree master programs, most of which are engineering ones.

Thank you very much for participating in today's forum. We would like to discuss with you the future direction for engineering education, and we are willing to share

China's experience in engineering education with nations around the globe, so as to promote engineering education across the world and contribute to sustainable development of our planet.

Address by Marielza Oliveira

Distinguished guests, ladies and gentlemen,

It is my pleasure on behalf of UNESCO to address you at this morning's opening of the International Forum on Engineering Education and Engineering Capacity Building for the Future.

Today's forum is an important event for several reasons. First of all, it marks the first major event organized by the International Center for Engineering Education (ICEE)—a Category II Center under the auspices of UNESCO. Just this morning, the first ICEE Governing Board and Advisory Board meetings were held, formally launching what I fully expect will be among the most active and prolific centers in the UNESCO family—a center hosted by Tsinghua University and Chinese Academy of Engineering, both world-renowned centers of excellence in their field.

But today's forum is even more important because of the topic it addresses: building capacity in the engineering sciences and educating the engineers of tomorrow. The UNESCO Engineering Report notes that advances in engineering have been central to human progress ever since the invention of the wheel. In the past hundred and fifty years in particular, engineering and technology have transformed the world we live in, contributing to significantly longer life expectancy and enhanced quality of life for large numbers of the world's population.

In summary, engineering is a crucial driver for social, economic and human development. It is a key factor in innovation and is vital in addressing the global issues and challenges we face today. There is no doubt that if we are to achieve a sustainable future for all as envisioned in the 2030 agenda and its 17 Sustainable Development Goals, engineering must play an active and committed role, creating and perfecting the environmentally-friendly technologies of the future.

While China has made considerable advances in engineering education in recent decades, many developing countries—in Africa as well as other regions of the world—continue to face considerable challenges before being in a position to harness the potential of engineering for sustainable development. And the response to these challenges must begin with engineering education.

In order to produce good engineers with the right skills, sustained investment engineering education and training must be made by both governments and the private sector. At the primary and secondary level, stronger emphasis must be placed on STEM education, in particular math education. At the tertiary level, engineering education must be strengthened through curricula development and reform to ensure that students generate to hands-on, problem-solving skills. And particular efforts must be made to enable the full and equal participation of women and girls in engineering education, research and application. We will never truly harness the promise of innovation if we do not ensure that women and girls are empowered to make a full contribution towards its realization.

As UNESCO begins preparations for its second global engineering report, this international forum comes at an important time, assessing the state of the art of engineering education: I look forward to learning from you, to sharing in your vision, your ideas and initiatives for the future of engineering education-and by extension, for the sustainable future for all envisioned in the 2030 Agenda.

I wish you a productive and enjoyable forum. Thank you.

Address by Jorge Spitalnik

Distinguished leaders, colleagues from the engineering community,

Good afternoon!

This important meeting dealing with issues related to Engineering Education and Capacity Building has a close relation with setting up global standards for qualifications accreditation and for professional capacity of the engineer.

Engineering develops methods and systems based on scientific knowledge, economy principles and appraisal of the state of the art of the available technology to improve society's quality of life. This mission, aiming at increasing the life standards of the population, in essence implies that the engineer practices his/her profession with a clear social dimension. In this respect, it can be said that the engineering professional is able to exercise his/her profession within any society's existential contexts.

It is therefore of crucial importance to ensure a certain uniformity of content and deepness in the academic education and training of the engineer as well as his/her critical thinking to allow a professional practice akin with the quality standards in existence in other countries. Consequently, a global mobility of engineering professional will be feasible.

WFEO has a natural authority to contribute in promoting and establishing conditions foe mobility of its members' engineers in different regions of the world. This is an important activity for the creation of international engineering partnerships.

WFEO believes in an engineering profession of well-qualified, up-to-date engineers, working ethically and responding to the needs of their clients who may have little or no engineering knowledge.

Setting up global standards for qualifications accreditation and professional capacity of the engineer is crucial. This action, together with the development of national structures for engineering accreditation and the establishment of national bodies for assessing the professional competence of their engineers, will assure the preparation of an engineering who work in different places of the world.

The fact that such activities can successfully performed by organizations managed by engineering communities in keeping with the essence of the profession, independently of government influence, is in line with the essential concept of entrusting the profession to educate and police its practitioners. This is the cornerstone for international recognition, which must be jealously guarded.

In fact, accreditation and competence assessment by international organizations allows licensing systems of different countries to be compared and to identify those that have similar quality standards for their engineers' professional practice. However, it does not by itself lead to automatically allowing those professionals practice in the other country. This is the responsibility of the national organizations with this function. This makes such organization being accountable to society, for assuring good practice by their licensed engineers proficiency of a licensed engineer.

WFEO will support initiatives leading to the enhancement of programs to promote the global mobility of engineering educational standards, they will apply are of similar level of quality than those used by international organizations, like the International Engineering Alliance or the European ACE.

Part Ⅳ

Keynote Speech

The Grand Challenges Scholar Program: Preparing Students for Global Engineering

C. D. Mote

President of National Academy of Engineering, USA

A discussion of global engineering education can move in many different directions, and I only profess to bring forth one possibility for you all to think about: the Grand Challenges Scholars Program (GCSP). First, I need to say a few words about the Grand Challenges for Engineering in the 21st century so that you will understand the contextual model for the educational program.

The Grand Challenges for Engineering, created in 2008, presented an aspirational vision of what engineering needs to deliver to all people on the planet in the 21st century. As I said at the outset, the vision, in just 15 words, is "Continuation of life on the planet, making our world more sustainable, safe, healthy, and joyful." The vision is about serving people and society and is not about things directly. It is about the planet and everyone on it, not a single country or a select number of countries, and it is a century-long initiative, not a budget-cycle plan. Measures of sustainability security, health, and joy of living are used to judge the advancement of people and society in this vision.

A key element of the Grand Challenges movement is the preparation of the workforce to undertake Grand Challenges-like problems. What supplements to a traditional engineering program would initiate student thinking about and preparation for the Grand Challenges vision and goals? This question inspired creation of the GCSP.

For the GCSP to be implemented at any university anywhere in the world, it must be clear, simple, focused on valued student competencies (outcomes and not administrative issues), and it must be under the control of the participating university. In this way each university decides which of its students to admit to its program, how each competency will be nurtured in its students, and whether the achievement of each student across the stipulated competencies is sufficient to formally merit certifying the student as a Grand Challenges Scholar and for the president of the US National Academy of Engineering to send the student a personal letter of congratulations.

The Grand Challenges Scholars Program addresses students' competencies in five areas that are not normally part of an engineering curriculum. Development of each competency is determined by the university program.

(1) Research/creative. Mentored research or creative experience on a Grand Challenge—like topic; talent competency.

(2) Multicultural understanding. Develop an understanding of different cultures preferably through global experience so that solutions created are implementable in the intended cultures; cultural competency.

(3) Multidisciplinarity. Engineering system solutions will be multidisciplinary, so understanding gained through a multidisciplinary experience will be invaluable; multidisciplinarity competency.

(4) Viable business/entrepreneurship. Implementation of the solution to a Grand Challenge requires viable business development in the locale of implementation; viable business competency.

(5) Social consciousness. The Grand Challenges for Engineering are primarily about serving people and society; service learning promotes social consciousness; social consciousness competency.

The GCSP offers a bridge from a national program to a global one that prepares students for multicultural, multidisciplinary initiatives that serve people and society. The particular developments in this presentation are directed to the 2008 Grand Challenges for Engineering, but the scholars program is applicable to bridging nearly any national program to a global one. This program is the only such program that I know of that can be implemented by any college or university anywhere in the world and fulfill the same mission of preparing students to undertake multicultural, multidisciplinary initiatives that serve people and society. The GCSP is particularly important for all engineers today because it prepares them for the world's 21st century problems facing us all.

Oriented Around the Industry, the World, and the Future

WU Yan

Head of Department of Higher Education of Ministry of Education

By the end of 2016, China had 2 880 higher education institutions, with a total enrollment of 36.69 million. There are 169 specific majors in 31 major categories in the undergraduate engineering program system of China. Over 1 100 colleges and universities have set up undergraduate engineering programs. The current enrollment is more than 5 million and the number of graduates is 1.23 million. So far, China has formed the world's largest engineering education supply system. This well-structured system has diversified types and complete majors, and features regional match.

In some sense, the quality of Chinese engineering education determines the overall quality of the world's engineering education.

In line with the latest dynamics in international engineering education, we need to work hard on the following three aspects. First, to expand scale and adjust structure. Specifically, we need to continue to cultivate more STEM talent, try to attract more young people into engineering programs, and adjust the structure for the cultivation of engineering talent. Second, to set a standard and strive for mutual recognition. We should constantly improve the standard for the cultivation of engineering talent and continue to expand the international mutual recognition system for engineering education. Third, to promote innovation and facilitate reform. We need to actively advance education on innovation and entrepreneurship, vigorously put into practice the "Excellent Engineers Cultivation Program", explore and implement green engineering education ideas, and promote in-depth industry-university-research-application cooperation.

In face of the new situation and new requirements, the Chinese engineering educators are faced with five challenges: ① the forward-thinking and strategic overall planning is insufficient; ② the structural surplus and shortage co-exist at the supply-side; ③ the dynamic program adjustment mechanisms remain to be improved urgently; ④ the "last mile" for quality improvement has yet to be meaningfully executed; ⑤ the quality assessment and examination fail to be conducted adequately.

The Chinese engineering education system should embody the concept of "three first-rates": first-rate undergraduates, first-rate programs, and first-rate talent. We should establish the three ideas of "student-centric, outcome-based, and constant quality improvement" for engineering education certification and cultivation of engineering talent. We should implement the "2.0 Version of Excellent Engineers Cultivation Program", conduct the industry-university collaborative education program, and meaningfully carry out the Chinese College Students "Internet +" Innovation and Entrepreneurship Competition. We should set a new standard for assuring the quality of higher education based on the standard framework of "five how-far" (how far the cultivation goals are achieved; how far does it meet social needs; how far the teacher and teaching resources are guaranteed; how far the teaching and quality assurance system is operating effectively; and how far the students and employers are satisfied). Meanwhile, we ought to establish new mechanisms for restructuring, collaborative education programs, and for cross cultivation. We should promote deep integration of modern IT with education and teaching. In addition, we should build a world-class quality assurance system for higher education that takes on Chinese characteristics. This system will consist of one platform (the national quality monitoring data platform); two pillars (institution assessment and professional accreditation); and three guarantees (internal drive, external boost, and influence). In general, we should apply new ideas, new measures, new standards, new mechanisms, new technologies, and new means to promote the construction of the quality assurance system for engineering education and accelerate building China into a strong power in engineering education.

Development and Vision of Professional Engineering Degrees in China

YANG Bin

Deputy Director of China National Engineering Education Supervisory Committee

Chinese Engineering Professional Degree Postgraduate Steering Committee co-established by the Academic Degrees Committee of the State Council, the Ministry of Education and the Ministry of Human Resources and Social Security is responsible for providing guidance to over 400 colleges and universities throughout the country on engineering professional degree postgraduate education. Year 2017 marks the 20th anniversary of engineering master degree education in China since its inception in 1997.

The objective of professional degree education is specifically focused on the cultivation of high-standard, high-level, application-oriented talent. The evolution of professional degree education and the development of the Chinese society and economy have been promoting each other and the former has provided great support for the rapid development of the country in terms of in terms of intelligence and talent. Engineering professional degree postgraduate education has become an important channel for the cultivation and supply of high-level, composite and application-oriented talent in engineering and technology. Engineering master education has become not only a major part of professional degree education in China but also the largest-scale professional engineering education in the world.

Chinese Engineering Professional Degree Postgraduate Steering Committee is an important expert organization promoting the engineering professional degree development in China. The Committee's work roughly includes the following nine aspects, namely working out standards, curriculum construction, practical education, ethical education, quality assessment, educational accreditation, excellence rating and awards, academic exchange and seminars, and project research. Of them, the cultivation of social responsibility and engineering ethics in students are especially noteworthy. The ethical issue has become a very pressing topic. Many of our projects arose from great construction and development opportunities in the past and may face the challenge of being ruined or stranded by ethics. When China's engineering projects expand overseas, we will find that transcultural ethical challenges may determine whether we can go further.

For future development of engineering education, the following three aspects need to be noted. First, engineering education should be coupled with startup practice. We need to cultivate the sense of innovation and entrepreneurial competence in students, which are very important for postgraduates pursuing professional degrees. Second, engineering education should adapt itself to the globalization tendency of engineering construction. The "Belt and Road" Initiative means that future engineering projects will require talent with a global vision and capabilities of solving international affairs. Third, sustainable development should be emphasized in engineering education. All in all, these three aspects—innovation and startup, globalization and environment friendly and sustainable development are a great challenge for postgraduate engineering education, especially professional degree education in China.

Part V

Invited Speech

New Engineering Educational Transformation (NEET) of MIT

Edward Crawley

Ford Professor of Engineering at MIT, Founding President of Skoltech in Russia, Member of NAE, Foreign Member of CAE

The New Engineering Educational Transformation (NEET) program is established using a new system and new measures, under the guidance of MIT. Hopefully, there will be some radical reforms.

Among the culture and values of MIT are useful knowledge, social responsibility, learning by doing, and education as preparation for life. Built upon the values of MIT, NEET focuses on the invention of new machines and the R&D of new systems.

The first principle is that, we should perceive our invented technology, the 21st century, and our future with a forward-looking vision. The second principle is that, we should help our students to prepare themselves to be makers, discoverers or on the spectrum, and we should teach engineering fundamentals as a foundation of careers both in research and practice. The third principle is that, we should learn pedagogy to support how our students learn. We should build our education around the way our students best learn, and champion digital education— because informatization represents the trend of future education. Also, we should support our faculty in the transition with the NEET academy. The fourth principle is that, in view of the speed of scientific and technological development, we should teach students how to think, and how to learn by themselves.

At present, universities typically center around subject as the main educational form, using subject to build their curricular system. NEET has developed a project-centric curricular system. All projects are well designed and linked with one another, in an attempt to guide students gradually. Students learn by surrounding different subjects.

In addition, they conduct self-learning, including learning via MOOC and other data platforms. In the learning process, students also communicate frequently with teachers, who offer them guidance. What's more, students communicate effectively with one another. As the NEET program unfolds, there will be collaboration among different disciplines, departments, schools, or universities. Within the mechanism, even new departments and schools are likely to be established.

In their first year, students learning all MIT will learn the same curriculum and will gradually be cultivated to develop the habit of self-learning. Since their second year, students are allowed into different professional fields. The NEET program, if successful, will not simply change the way we educate, but will also allow the educational system to improve constantly.

Global Vision for the Future of Engineering Education

Hans J. Hoyer

Secretary General of IFEES, Executive Secretary General of GEDC

I feel greatly honored to speak on behalf of two institutions. One institution is the International Federation of Engineering Education Societies, or IFEES; the other is the Global Engineering Deans Council, or GEDC.

Founded in 2006, IFEES currently has 77 representatives from 47 organizations and 8 companies spanning 26 countries, including a number of women engineers. The World Engineering Education Forum (WEEF)-which is the IFEES' flagship annual conference-has engaged nearly 10 000 participants from every continent. We would like to see partnerships and trust built among different institutions and individuals, in order to achieve win-win and mutual benefit among them. One of the objectives of IFEES is to provide resources for its global members. We have conducted internationally accredited pedagogical (engineering) qualification, established the Student Platform for Engineering Education (SPEED), a global alliance for students. In addition, we have set up IFEES Duncan Fraser Global Award, an award for engineering education. IFEES has established collaborative teams not merely at a regional level, but at national and global levels as well.

The vision of GEDC is to enhance the capabilities of engineering deans to transform schools in support of societies in a global economy. We aim to serve as a global network for presidents and engineering deans of universities to conduct dialogues, for the advancement of capacity building and transformation in engineering education. At present, GEDC has 318 members from 41 countries. We need to conduct dialogues among enterprises, academy, and the government. But such dialogues are inadequate in some areas.

Regions & nations are now competing globally in a race for talent and capital across the globe. We live in a connected world that needs to see enhanced connections among all sectors of human endeavor. Across the globe, we face shortages of workforce and high-caliber talent, etc.

If we want to serve society & address the challenges of a globalized economy, we must equip engineering students with such soft skills as business sense and social awareness, and implement program quality assurance systems to validate our efforts.

Engineering education is faced with various challenges in its development and transformation. To break these barriers, we need to carry out interdisciplinary learning, which is of critical importance. Over recent years, both IFEES and GEDC have been in cooperation with educational institutions and enterprises in the industry. We are happy to share with everyone the outcome of our cooperation and would very much like to forge partnerships with you.

Look into the Future: Development of Engineering Education in Africa

Funso Falade

President of Africa Engineering Education Association (AEEA)

As a responsible power, China has offered significant support and help to Africa. China and Africa have established a good partnership. The two sides always adhere to the principle of dignity, solidarity, and caring—which constitute the cornerstone for cooperative development. China's "Belt and Road" Initiative, which is gaining momentum presently, stands to push China-Africa friendship up to a new level.

Over the past few decades, China has made remarkable achievements in engineering education, having yielded a great number of engineering science-technology manpower. There are many aspects that we should draw upon from China. The Chinese government and ICEE has helped us a lot. For example, they helped us build a private cloud-based MOOC platform for free, promoting open sharing of excellent resources for engineering education across Africa. This has played an instrumental role in advancing Africa's engineering education. We appreciate generous support and assistance from all stakeholders for promoting engineering education of Africa.

The development of engineering education is facing some challenges in Africa. These challenges are almost identical across the African nations and they include: inadequate funding; adoption of traditional pedagogy, inadequate infrastructure and facilities both quantitatively and qualitatively at the training institutions, inadequate human capital, poor staff training and retention profile, defective curricula and weak university/industry partnership. Sequence to all these inadequacies, the quality of the graduates from the universities is considered to be inadequate to meet the needs of the industry for quality job performance. In order to alleviate the challenges confronting engineering education, it is important to reposition and restructure engineering education through adequate funding from the owners of the universities, adoption of active pedagogy, and good infrastructure with adequate human capital. It is also necessary to foster speedily good synergy between university and industry. The overhauling of the curricula should take cognizance of the skills required for the graduates to function in the industry after graduation. The issues of innovation, entrepreneurship and commitment to raising standards across all engineering disciplines will be keys in the new dispensation with emphasize on addressing the grand challenges in engineering education.

It is also important to note the positive impact that the introduction of the Massive Open Online Courses (MOOC) platform to our training system will have on development of engineering education in Africa.

Global Engineering Capacity Building

Yashin Brijmohan

Vice President of WFEO, Chair of the Committee on Engineering Capacity Building of WFEO

What qualities or capabilities are required of participants or practitioners of engineering? First of all, they must acquire some basic knowledge, as engineers need to possess a solid academic foundation. Plus, they need to show their love for human, for our natural environment, and their passion for the humanity. Without these values, the talk of engineering will make no sense and engineering will pale into insignificance. As qualified engineers, we should consider problem-solving not merely technically; instead, we should orchestrate problem-solving at the social level. This, undoubtedly, places a higher demand on engineering practitioners. In addition, we should develop future-oriented engineering capacity. Instead of discontinuing at higher education, engineering education should go on even after higher education and become a life-long learning.

A shortage and a surplus of professional talent co-exist in the market. As such, better planning must be in place at the policy or strategic level before we can produce engineers that will satisfy market demand.

Whilst marching ahead, we need to help one another, drawing upon others' advantages to offset our own weaknesses. No one can go alone and perform best, so it is necessary for us to join international alliances and enter into international agreements. One of the priorities of the WFEO Engineering Capacity Building Committee is to link developed nations with developing ones. International agreements can help improve and confirm the professional competence of engineering talent, thus increasing mobility for their career development.

In learning activities, because the effect of course learning or in-class teaching activities is limited, universities must take this issue seriously and put a high value on the two key factors before and after teaching activities-only in this way can we drastically improve the effectiveness of learning and training.

When it comes to cooperation with the developing world, Africa offers significant development opportunities.

Many of the issues we are facing today can boil down to morality issues. Morality, certainly, is of great importance. We must reconcile the relationship between morality and technological development. We should justifiably integrate human values into technological development.

UNESCO's Engineering Programme: Engineering the SDG's

Rovani Sigmoney

Assistant Program Specialist at UNESCO Natural Sciences Sector

UNESCO, created in 1945 at the Institute of Civil Engineers in London, worked for the physical reconstruction of the educational facilities of war-devastated countries by building up library and museum collections. UNESCO has 195 Members and 8 Associate Members. There are around 50 offices globally with the Headquarters in Paris, France.

UNESCO aims to create holistic policies that are capable of addressing the social, environmental and economic dimensions of sustainable development. Science and engineering policy and international scientific cooperation links science to society ensuring the public understanding of science and the participation of citizens. UNESCO is diverse in terms of Culture, Education, Communication and Information as well as Science Engineering programme— cross-cutting thematic proposal to draw on engineering related strengths across all sectors.

MDGs was an effort to reduce extreme poverty in the world and to lift an estimated 1.2 billion people out of poverty, defined as living on the equivalent of less than MYM1 per day. Adopted in 2000 by 189 Member States, the MDGs eight anti-poverty targets that the world committed to achieving by 2015. Since the MDGs were adopted in 2000, enormous progress has been made, but more needs to be done. MDGs provided a powerful framework for tackling poverty and have galvanized national, regional and global efforts towards promoting human development.

MDG Report 2015 pointed out that the MDGs prove that goal setting can lift millions of people out of poverty, empower women and girls, improve health and well-being, and provide vast new opportunities for better lives.

Why are we need the SDG's? All targets of the MDG's were not fulfilled. 25

September 2015, 193 Member States adopted the new 2030 Agenda for Sustainable Development, including the Sustainable Development Goals (SDGs). 17 SDGs are all relating to the work in the Natural Sciences Sector. SDGs have a more ambitious agenda, seeking to eliminate rather than reduce poverty, and include more demanding targets on health, education and gender equality. They are universal, applying to all countries and all people. The agenda also includes issues that were not in the MDGs such as climate change, sustainable consumption, innovation and the importance of peace and justice for all.

All societies are seeking new sources of dynamism, to eradicate poverty, to build sustainable and lasting peace development. Engineering, science and technology are important. The world has changed since then, but the need for engineering, science and technology has only deepened. And so have the aspirations of all societies to benefit from progress. Given the complexity of contemporary global challenges, such as the sustainable consumption of resources and climate change adaptation, supporting and investing in engineering education for both men and women is essential for the improvement of societies. The education and training of future engineers is necessary to develop innovative solutions to these challenges and to improve the quality of life for all.

The Category II Centers (under the auspices of UNESCO) are a wealth of information and knowledge banks that UNESCO leverages to support engineering education in developing countries.

Sustainability: Challenges Facing Engineering Capacity Building

GONG Ke

President of Nankai University, Vice President of WFEO

With ongoing social development, especially with the arrival of the era of sustainable development, the current engineering has undergone significant changes. If we continue to use traditional methods, our natural resources will be sure to dry up bit by bit. In the future, in order to achieve the goal of sustainable development, our engineering should be based on the "ecological civilization". That is to say, we cannot deplete our natural resources. This by no means complies with our fundamental interests. Instead, we need to adapt to nature, respect nature, and live in harmony with nature, because the earth is the only home where we can live.

Sustainable development places a higher demand on the ethics and behavior of engineers. In addition to technology, engineers should also pay attention to people and ecological environment and meet the requirements of sustainable development. Sustainable development places a higher demand on the sustainability awareness of engineers. Engineers are supposed to be responsible for not merely technical performance and specifications, but also for the sustainability of the human society. Sustainable development places a higher demand for engineers to pay attention to and understand social issues, and a higher demand on their ability to learn and cooperate as well as to use information and communication technology. Engineers should be able to use technologies such as the Internet, big data, and artificial intelligence. In addition, sustainable development places a higher demand on engineers' ability to innovate. As engineers, they should embrace innovations, taking into full account environmental, social, economic, and other factors, and should protect the ecological environment through constant innovations.

Faced with the aforesaid challenges and higher demands, in order to improve the sustainable development capacity of engineers, we should, first of all, build a global engineering sustainability framework; second, we should build an evaluation framework for sustainability and establish a global cooperative network to promote engineering sustainability. Particularly, we should expand cooperation with Africa.

As to our expectations for the second UNESCO Engineering Report, first of all, the second Engineering Report should reflect the goals of sustainable development and reflect the capacity-building of engineers. Second, the second Engineering Report should contain the content to set up a shared database for the development of global engineering capacity to share global data on engineering capacity building, especially the data from developing nations and the data on gender equality. Finally, the second Engineering Report should promote research relevant to engineering education and sustainability capacity-building, and should facilitate building international partnerships in engineering capacity building.

Brain-Science-Based Education for Nurturing Creativity

Hideaki Koizumi

Executive Vice President of EAJ, Foreign Member of CAE

The importance of science, technology and engineering goes without saying. Through them, we can know about nature and the whole world. What's more, we can find that engineering is closely related to our ethics if we go deep into nature and the world. Therefore, we must follow the great way in the engineering field.

About 10 years ago, we put forward the concept of "scientific brain". The "scientific brain" is a sensitive brain which keeps its curiosity about nature; it is an open brain that can accept truth and will not traverse it instead; and it is an honest brain without any bias. Besides, it should understand that every form of life in nature has its value; it can accept and respect diversity, and can think in other people's place. We have had discussions with many winners of the Nobel Prize. According to them, what is crucial is that teachers should learn science first and then guide the students' learning through playing. Learning from nature is especially important. Nature is the basis of science, and careful observation of it is very important.

We need to educate our children to be kind, compassionate, imaginative, and courageous in making attempts as well as observant. Our education focuses more on the cultivation of knowledge and skills instead of emotion, which is also very important. We can't utilize our knowledge and skills very well to bring benefit to the society if we don't have any emotion or compassion.

I once devised and implemented an experiment, which revealed that a five-day infant can already make responses when hearing its mother tongue. This is very important. After birth of an infant, lots of synapses will overgrow under the effect of genes; after that, only those synapses receiving external stimulus will survive, and those have not received external stimulus and are considered useless for adaptation to the environment, will wither gradually. Actually there are many research results about early-stage development of the human brain; therefore, if we want to cultivate a scientific brain for our kids, we have to foster their innovation ability and sensitivity to science from an early age. This also explains why we pay close attention to pre-school education. Of course, we also attach great importance to higher education, especially on ethics.

Engineers in Politics: Is This a Necessary Condition for More Effective Capacity Building?

Brian Figaji

Former representative of South Africa on the Executive Board of UNESCO, Member of SAAE

Engineering capacity building like sustainable development needs technical skill and political will; one without the other produces sub optimal results.

As engineers, we are trained to be problem solvers. So when the problem is identified as Engineering Capacity Building for Sustainable development, we quite rightly look at how we can attract more young people into the profession and how we can improve the completion rates for those studying engineering. President J. F. Kennedy did this part with the initiation of the space program but more importantly. In this context, as a politician, he also understood the critical role that engineering plays in development.

It is this political influence that Patricia Galloway focuses her chapter on in the UNESCO Report: Engineering Issues, Challenges and Opportunities for Development (UNESCO, 2010). Galloway believes that, and I quote "while engineers have indirectly pursued connections to public policy through lobbying organizations and their own professional engineering societies, the engagement of engineers in public policy issues has been haphazard at best. It is both the responsibility of the engineer and central to the image of the engineering profession that engineers make a better connection with public policy in future."

There seems to be three primary ways that engineers could ensure a voice in public policy making: ① stand for public office and get elected; ② ensure that the professional body is so well respected and recognized that it is regularly consulted on proposed legislation; ③ organize the body of engineers to endorse a candidate who promises to promote the engineering capacity building project. Each of these ways requires engineers to get involved in the politics of the country.

Engineering impacts on a large portion of the municipal activities across all service delivery areas and therefore it is vital for the proper functioning of every sphere of government.

It is time for engineers to not only focus on leading engineering related activities. We must get involved in leading the project. Whether that be the municipality, the region, the country, the party, the national organization, we must get to the top to ensure sustained capacity building.

There are a few examples that support the proposal that engineers should get more directly involved in contesting for the positions of power so that we are able to positively influence the course of engineering capacity building for sustainable development.

So, if we accept the definition for sustainable development as "actions that meet the needs of the present without compromising the ability of future generations to meet their own needs", if we accept the UN 17 Sustainable Development Goals, and if we believe that as engineers we have a huge contribution to make to society, then I believe that Engineers in Politics is a necessary condition for more effective Engineering capacity building.

The Importance of Building Capacity in Institutions in the Engineering Profession for Sustainable Development

Robert (Bob) Pullen

Former President of SAAE

System or institution construction is very important for sustainable development. Specifically, institutions include universities and other organizations of higher education, professional organizations like associations, as well as legislative and regulatory bodies. These are all aspects we need to pay attention to during the process of capacity building.

The first category of organizations refers to educational institutions. Here, we believe that it is crucial to provide education or knowledge base for professional development. Without knowledge as a basis, no industry can be developed. Some projects at universities or other institutions of higher education should be recognized by a respected body; that's to say, such institutions should be able to award some certificates to these projects. Public confidence in educational institutions lies in learners' confidence in them and public recognition of these educational projects, plans and the results of education. Universities are facing many challenges, including external challenges from the society and internal interdisciplinary ones.

The second category refers to professional organizations and associations, etc. These organizations are homes for industry insiders. Associations can be conducive to professional development of individuals by helping them learning industry knowledge. Through peer networks, individuals can freely search some knowledge they want to obtain or share experience with one another through such networks. These professional networks should be duly respected to support and maintain the development of the industry.

The third category of organizations refers to regulatory bodies, which are responsible for safeguarding and serving public interest. A very strong and successful industry needs two legs—one is voluntary regulation, and the other is mandatory regulation. These two legs are inseparable and either is indispensable for the smooth development of everything.

Of course, there are other important aspects as well. We need support from governments at all levels. Such governments should have a deep understanding of the role of engineering in sustainable development and extend sufficient support. Another important part consists of enterprises and the private sector, including the consulting industry. There are also owners of infrastructure, including not only government departments but also other legal persons involved in construction and/or operation as well as those owning infrastructure. They are also very important stakeholders. Without external support, sustainable development would have been impossible.

Modernizing Engineering Models, Metrics and Education for Capacity Building and Sustainability

Tony Marjoram

Former Head of Engineering, Division of Basic and Engineering Sciences at UNESCO

Engineering knowledge, design and technology underpins industry and infrastructure and continues to transform our world and the way we live, eat, drink, work, travel and communicate with each other. Engineering defines and identifies us, and is vital in innovation, sustainable social, cultural and economic development, and addressing global issues such as poverty reduction, climate change mitigation and adaptation.

But what exactly is engineering, what is an engineer and how is engineering knowledge produced, disseminated, applied, learnt, measured and managed? These are both philosophical and highly practical questions. Engineering is often overlooked in the study of science, S&T, or what is more recently called "science, technology and innovation" (STI), and associated models, indicators and policy, despite the fact that it is mainly engineers who create and innovate technology. Engineering is also generally overlooked in economic development and theory, apart from some interest in innovation and evolutionary economics. Engineers, engineering, science and technology are routinely confused in the media. Why is this so, and what can we do to address this situation? These questions are highly practical because engineering is vital in meeting the challenges of sustainable development, climate change mitigation and adaptation, improving the quality of life of the 1.3 billion people who live in poverty, and addressing the other UN Sustainable Development Goals (SDGs).

At the same time, engineering faces its own challenges—low public and policy understanding, declining student interest and enrolment, shortages of engineers around the world, brain drain and impact on development, especially in developing countries. Engineering, together with science and technology, is in serious need of better understanding. This is an urgent priority, if the challenges of sustainable development, climate change, poverty reduction and the understanding, application and development of engineering are to be recognized and addressed.

Considering the importance of engineering, science and technology in the knowledge society and economy, it is surprising that better data is not available on one of the most important drivers of social and economic development.

There is a need to emphasize the way engineering, science and technology contributes to social and economic development, and the vital role engineering will play in promoting sustainability, climate change mitigation and adaptation. There is also a need to better integrate engineering into science and technology policy and planning, and of better integrating engineering, science and technology into development policy and planning, to provide a more useful and accurate reflection and model of reality. This also applies in the development context: engineering, science and technology drive development, and they are vital in promoting sustainability and poverty reduction, and they need to be placed at the heart of policies addressing these issues, at the national and international levels.

Global Engineering Capacity Building for Sustainable Development

Anette Kolmos

Director of Aalborg Centre for Problem Based Learning in Engineering Science and Sustainability (UCPBL)

Engineering is closely related to the issue of sustainable development. Now we need to integrate sustainability into our courses and education, and formally implement it instead of merely applying it in practice.

The strategic frameworks for sustainable development education in Australia and Denmark are two different approaches to integrating sustainable development into engineering education. The impetus behind sustainable development in Denmark mainly comes from academic communities, which explore different modes of integrating sustainable development into engineering education from the perspective of academic research. Strong support from teachers also plays a key role. The drive behind the research on sustainable development of engineering education and related practice comes more from the government and certification requirements. We are advocating and promoting the solution to sustainability, but every school should examine its curriculum setup and project practice, etc. Are they heading for the realization of sustainable development goals?

According to a survey we did, students at Aalborg University feel that they are well prepared for entering the society and starting to work. That's to say, they believe that they can enter the employment market better and more easily. In terms of core competitiveness, students at Aalborg University feel that they have better independent and interdisciplinary capabilities. Therefore, the PBL (problem-based learning) learning mode is effective indeed and very helpful to the students in their career development. There is a very important piece of information here. We didn't find any difference between Aalborg University and other ones in the cultivation of students' abilities for mastering technical knowledge. They are basically the same. This is very important and indicates that they are not very different in this respect.

There are three strategies for changes to cope with the issue of sustainable development. The first is curriculum setup—to set up courses related to sustainable development. The second is integration strategy, which is also the systematic method of the CDIO engineering education mode. The third is the reconstruction strategy, which is the reconstruction work for the integration. We will reconsider our values, academic identification, commitment and cooperation with enterprises and the society through establishing new institutions. Many projects we are currently working on fall into the reconstruction strategy.

We need integration of a higher degree to combine sustainability and PBL to integrate these concepts into a project, and there should be collaboration and coordination among different disciplines and topics. In this way, students will be doing bigger and more comprehensive projects instead of doing several small projects at the same time.

The 4th Industrial Revolution: Is Engineering Education Ready?

Lueny Morell

Former President of IFEES

We are currently in the process of the 4th Industrial Revolution. Everybody, whether from enterprises, governments or academia, need to understand the changing environments and the challenges that mankind is facing, and make constant and all-out efforts in innovation. The 4th Industrial Revolution is a global industrial revolution. We need talent with a global vision. They should have not only a local foothold but also a global vision and abilities.

Most existing education systems at all levels provide highly siloed training and continue a number of 20th century practices that are hindering progress on today's talent and labor market issues.

In order to cope with the 4th Industrial Revolution, we need a flexible curricular setup when developing engineering courses. What qualities and abilities are needed for new engineers at the start of their career? How to integrate qualities and abilities into courses? What learning processes and learning experience do students need to acquire such abilities? And self-directed learning experience can also improve capacity development in engineering students. We can follow the following 5 steps in reforming engineering curriculum—defining outcomes, devising the learning process, analyzing and assessing outcomes, sharing outcomes, and making decisions to improve.

What competencies does the 4th Industrial Revolution require for engineers? First, knowledge, such as intelligent robots, automated transportation, and artificial intelligence (AI), etc. Second, skills and attitudes. Students need to possess abilities for complex problem reasoning, critical thinking abilities, creativity, people management abilities as well as organizing and coordinating abilities, etc. Besides, teamwork, ethics and social responsibilities are always important, and students should remember them all their lives.

In the face of the 4th Industrial Revolution, we need to involve all stakeholders, from the public and private sectors to academia and civil society. Industry is especially important, for it is industry that tests the outcome of talent cultivation at last. We need to strengthen school-enterprise cooperation, understand each other, as well as be frank and sincere to establish mutual trust with the industry.

Cultivation of Engineering Talent for High-speed Railways of China

ZHU Kefei

Dean of Railway Technology Research College in China Academy of Railway Sciences

Over the past decade, China has made remarkable achievements in high-speed railways. At present, China is well-serviced by over 22 000 kilometers of high-speed railways, and this length is longer than that of any other country in the world. China has manufactured and operated 2 600+ units of high-speed trains (standard units). The total distance travelled by high-speed trains has exceeded 5 billion kilometers and the total passenger trips on these trains has eclipsed 6 billion. Currently, the technical standard system of Chinese high-speed trains is ranking high in the world, with a few technical indicators and technical equipment leading the world. To date, the high-speed railway sector of China has developed the complete technology and equipment as well as the construction and operation standard systems for high-speed railways with a speed of 350 kilometers per hour. China has amassed extensive testing, verification, and operation data, as well as solid technology and management experience in survey and design, engineering construction, operation and maintenance, among others. These data and experience can be drawn upon for the construction and operation of similar high-speed railways.

In recent years, the total number of railway practitioners has seen limited increases. In this context, the development of the Chinese high-speed railway has placed a higher and higher demand on the qualities and capabilities of engineering talent. Revolving around the cultivation of engineering design and technical innovation talent, management and professional technicians, and skilled talent, the Chinese railway sector has built a multi-level, multi-model talent cultivation system. This system intensifies the ability of engineering talent to underpin innovative development of high-speed railways, and values the provision of a sustainable talent pipeline. First Measure: China Academy of Railway Sciences (CARS), designing institutes related to railway and other entities assist enterprises and universities conduct innovative cultivation of high-caliber engineering talent by offering degree courses to engineering design and technical innovation personnel, and offering short-term workshops to technicians and senior technicians, etc. Second Measure: Under the guidance of China Railway Corporation, CARS, the Continuing Education Base for New and High-tech for Railways and other entities conduct demonstration training and continuing education for professionalism improvement for management and technical personnel throughout the railway sector. In the meantime, railway administrations under China Railway Corporation regularly hold basic workshops on technical expertise and business for all types of railway occupations in order to strengthen knowledge update and continuing education of their professional technicians. Third Measure: CARS and the National Railway Administration work together on the research into standardized driving simulation exam and conduct driving training programs as well as position qualification training programs for major driving work types of high-speed railways.

The Chinese high-speed railway serves as a messenger to cement China's exchanges with other nations and to transmit Chinese civilization. Chinese government departments and research institutions in the industry, working in partnership with universities, vocational colleges and enterprises, have systematically built an international training system for high-speed railway talent through "going global" and "introducing overseas strengths". In line with the objective and positioning of high-speed railway construction projects of foreign countries, CARS can orchestrate talent training programs for high-level managers, intermediate technical managers, and frontline technical operators. Such training programs can preferably fall into several stages, put an emphasis on certain aspects, and apply diverse models.

Engineering Education Context Oriented to Future Workplace

CHA Jianzhong

UNESCO Chair on Cooperation between Higher Education and Industries, Beijing Jiaotong University

The human resources market represents a highly significant sector for the supply-side structural reform of the social economy. A serious problem in this sector consists in a mismatch between supply and demand, with information on demand remaining unclear. Across the world, there is an appalling lack of data on the demand in engineering workplace and the performance of the engineering education quality in the workplace, among others. Another challenge is overcapacity. On the one hand, low-quality capacity is in excess and graduates struggle to find jobs; on the other hand, high-quality capacity is in short supply and the workplace is understaffed. From the perspective of management, the distribution and evaluation system of educational resources tilts in favor of academic education, lacking sufficient support for application-oriented professional education geared to the needs of the workplace.

Professional education faces transformation and upgrading so as to meet the demand of key stakeholders. In response to this, we should shift from academy-oriented to workplace demand-oriented, conducting vocational education as well as innovation and entrepreneurship education; meanwhile, we should pivot away from teacher-centric to student-centric.

From 2006 to 2016, Manpower, the world's largest human resources firm, made successive surveys on the gap of industrial talent. According to its data, on average, 30%–41% enterprises in the world fail to recruit the talent they need. This is a harsh reality. Around the world, there is a serious shortage of high-level, intermediate, and low-level professional and technical talent. Top reasons leading to difficulties in talent recruitment are respectively: lack of enough applicants (24%); lack of professional technical ability (19%); lack of work experience (19%); and lack of soft skills (11%). According to some surveys, China has been suffering from a lack of R&D and designing talent over these years. The top reason (52%) leading to difficulties in recruitment is the lack of work experience, indicating an appalling mismatch between college education and industrial and social demand in China.

In view of this, we should energetically develop professional education oriented to the future workplace. Meanwhile, we should conduct professional education designed for a unified human resources market, integrating vocational education with general education. Presently, more than 120 nations around the world have set up their "national qualifications framework", in a bid to meaningfully connect professional education with the demand of the workplace.

"Made in China 2025" is a very important context for engineering education. Our talent cultivation and human resources construction programs should satisfy the strategic demand of "Made in China 2025". We recommend establishing a trans-ministerial (Ministry of Industry and Information Technology, Chinese Academy of Engineering, Chinese Academy of Sciences, Ministry of Human Resources and Social Security, Ministry of Education, and the industrial community) "National Manufacturing Human Resources Construction and Development Commission" which is charged with orchestrating national effort to cultivate professional talent. Meanwhile, we should also develop a national qualifications framework for manufacturing talent. In addition, under the strategy of industry-academy cooperation, learning by doing, internationalization, and in line with the demand of the workplace, we should set up institutions for the cultivation of professional talent for all levels of manufacturing (artificer and technician, secondary vocational and technical school, higher vocational college, undergraduate, and graduate students). These institutions should adopt an approach of hierarchical management and guidance, and should be geared to workplace and application demand.

Neither student performance nor the demand of future workplace can be ignored for the professional educational context. As such, we must keep conducting in-depth context research so as to reform and improve professional education.

Summary by the Host WU Qidi, Director of ICEE

Dear the board members and guests,

For the past two days, we convened the first session of the UNESCO ICEE Governing Board and Advisory Board, and then held the Engineering Education Forum, which lasted for one and a half days. Personally, I believe it is very successful.

As you know, the establishment of the International Center for Engineering Education (ICEE), jointly applied for by the Chinese Academy of Engineering and Tsinghua University, was formally approved at the 38th General Conference of UNESCO. In June, 2016, the signing and unveiling ceremony for the ICEE under the Auspices of UNESCO was held in Beijing. Mr. ZHOU Ji, president of Chinese Academy of Engineering and Ms. Irina Bokova, UNESCO Director-General, signed an agreement on behalf of the Chinese Government and UNESCO respectively. Yesterday, the UNESCO ICEE Governing Board and Advisory Board convened the first session. We believe that ICEE will play a greater role and make greater contribution to the development of engineering education in China and the rest of the world.

The participants in the forum include representatives from such international organizations as UNESCO, World Federation of Engineering Organizations (WFEO), the International Federation on Engineering Education Societies (IFEES), European Society for Engineering Education (SEFI), the African Engineering Education Association (AEEA), the US National Academy of Engineering, the Engineering Academy of Japan, and the South African Academy of Engineering (SAAE), etc., and the representatives from the Chinese Academy of Engineering, the Ministry of Education, Chinese enterprises as well as teachers and students from colleges and universities. In a word, representation at the Forum has been very extensive.

At the Forum, 17 guests from home and abroad made excellent and enlightening reports. They had heated debates on such core issues as the opportunities, challenges, and new reforms on engineering education in the background of globalization, engineering education and sustainable development, global engineering capacity building, as well as theory and practice of engineering talent cultivation, etc., and expressed their respective opinions on the reform and development of engineering education. Through their speeches at the Conference, we further understand that engineering technology has a decisive effect on economic growth and social development, and whether there are sufficient, qualified engineers will influence the levels of technology and economic development of a country. With gradual implementation of the modernization construction of education in China and the strategic goals of UN, it has become a common question for us to contemplate as to how engineering education is oriented at industry, the world and the future.

At the Conference, we have especially included the special topic on sustainable engineering competence building, and had discussions on the implications of engineering competence and concrete approaches to competence building. We introduced the engineering research projects carried out by UNESCO to promote engineering development, which enables us to further embrace the challenges we may face in engineering competence building from the perspective of sustainability. The representatives also put forward their respective proposals on the motives and principals for engineering construction improvement as well as policy proposals. These reports are very positive. Meanwhile, at the Conference, the international experts also fully recognized the development of engineering education in China. We are very grateful for this and hope to receive more support from you all.

China needs to follow a new characteristic industrialization path in engineering education. It needs to cultivate the innovative engineering talent capable of adapting themselves to and supporting industrial development and the talent in engineering technology with international competitiveness. The development of Chinese engineering technology must synchronize with that of the world, and we must face up to challenges in a timely manner when reforming engineering education. In the future, ICEE will continue its efforts to make a new contribution to promoting engineering education in China and global engineering development.

We will follow the instructions of president Yang Bin and will do the following four aspects of work. First, carrying out related data collection to help engineering educators with in-depth research; second, carrying out research on engineering competence building together with UNESCO and writing competence building reports; third, carrying out remote engineering education with African countries; and forth, strengthening all kinds of trainings, including cooperation with China Railway Corporation.